国家社科基金项目

运动员人力资本产权交易秩序研究

邹月辉 等 著

人民体育出版社

图书在版编目（CIP）数据

运动员人力资本产权交易秩序研究／邹月辉等著. -- 北京：人民体育出版社，2024

ISBN 978-7-5009-6293-9

Ⅰ.①运… Ⅱ.①邹… Ⅲ.①运动员－人力资本－产权制度－研究－中国 Ⅳ.①G808.18

中国国家版本馆 CIP 数据核字（2023）第 055521 号

*

人民体育出版社出版发行
北京建宏印刷有限公司印刷
新 华 书 店 经 销

*

710×1000　16 开本　11.75 印张　217 千字
2024 年 5 月第 1 版　2024 年 5 月第 1 次印刷

*

ISBN 978-7-5009-6293-9
定价：65.00 元

社址：北京市东城区体育馆路 8 号（天坛公园东门）
电话：67151482（发行部）　　邮编：100061
传真：67151483　　　　　　　邮购：67118491
网址：www.psphpress.com

（购买本社图书，如遇有缺损页可与邮购部联系）

前 言
FOREWORD

市场经济条件下，我国大批的优秀运动员是践行体育强国战略的宝贵人力资源。产权交易是一定的产权投资主体对产权客体的买卖活动。运动员人力资本产权交易主要包括竞技体育人才流动和运动员商业价值的开发。继里约奥运会之后，许多国字号运动员的商业价值和社会价值不断延伸，这些运动员人力资本产权的交易成为竞技体育市场化、商业化的产物。然而，运动员产权关系错位、重叠等引发的行政垄断、经济纠纷等问题却层出不穷，究其本质是运动员人力资本产权交易秩序混乱，以及运动员产权交易规则和监管制度与整个市场经济运行发展规则已不相适应。《关于加快发展体育产业促进体育消费的若干意见》中明确提出，推进赛事举办权、赛事转播权、运动员转会权、无形资产开发等具备交易条件的资源公平、公正、公开流转。在政策有力推动下，体育产权交易市场建设有望加快。因此，在加速扩大竞技体育市场化规模的同时，如何弥补运动员人力资本产权关系的理论认识欠缺，如何化解运动员个体与体制的利益冲突，如何构建运动员人力资本产权交易秩序，已成为我国竞技体育市场化改革亟待解决的现实问题。

关于运动员人力资本产权交易方面的研究，国外更多关注用市场和法律调节手段对运动员的投资与收益进行研究，符合市场经济发达国家的特点。我国对运动员人力资本产权的研究整体上仍处于始动阶段，从认识、承认，逐步向重视、多角度的研究阶段发展。目前，相关研究仍比较零散，缺乏系统性，且研究人员对一些理论观点尚未达成共识。现有研究主要集中在概念界定、性质分析、归属解构及制度安排等方面，鲜有从产权交易视角对运动员人力资本的转会、经营、激励进行研究，尚未发现对交易的核心机制——交易秩序的研究。随着我国竞技体育体制改革的深入及体育产业的大力推进，体育产权交易研究将成为新热点。

深入系统研究我国竞技体育举国体制下运动员人力资本产权的特殊问题，以及转型期运动员人力资本产权交易及其交易秩序问题尤为重要。本书旨在通过分析我国运动员人力资本产权交易的特殊问题，构建具有中国特色的运动员人力资本产权交易秩序，以促进竞技体育市场化、职业化发展，促进体育产权交易市场的良性运行。

本书以经济学和社会学的基本理论为依据，综合运用规范研究与实证研究、定性分析与定量分析、宏观分析与微观分析相结合的方法，深入系统地分析我国运动员人力资本产权交易的实际问题，用交易秩序的概念构建运动员人力资本产权交易的理论框架，解析运动员人力资本产权交易理论框架下现阶段的运动员流动、人力资本激励和产权保护情况，指出其存在的问题，并提供对策和建议。创新之处主要在于：一是视角创新，从交易与交易秩序的视角对运动员人力资本进行研究，体现了经济学与社会学交叉的新视角，以体制转轨和市场发展为背景，避免了运动员人力资本产权制度设计中国家、集体、个人可能的机会主义倾向，研究结果更贴近现实；二是学术观点创新，对运动员人力资本问题的考察与理论研究，既重视正式制度又注意非正式制度的价值与作用。以交易秩序的概念概括交易的社会性，把意识形态、价值观念、伦理道德等非正式制度进行整合，研究结果更具有信念协调和价值评判的功能。

本书内容是本人申请获批的国家社科基金"运动员人力资本产权交易秩序及其实现机制研究"（项目批准号为17BTY062）的结项报告，课题组成员许延威、田思、孝飞燕、杨树叶、张凯莉、解文洁参加了具体的撰写工作，卢中昌、王乐、谭丽、朱焱、潘妮主要参加了调研、收集资料等辅助性工作，对他们的付出表示衷心的感谢！书中关于运动员薪酬和运动员社会保障部分的调查数据于2013—2016年获取，由于运动员的收入分配制度尚未进行重大改革，所以目前仍具有代表性。本书的完成只是一个初步的研究成果，研究过程中发现还有许多问题值得进一步深入探讨，有些观点还有待进一步商榷和检验，不足之处敬请广大同行、学者、读者批评指正。

邹月辉
2023 年 10 月 1 日

目 录
CONTENTS

1 绪 论 ·· 001
　1.1 研究缘起 ·· 001
　　1.1.1 研究背景 ·· 001
　　1.1.2 问题提出 ·· 004
　　1.1.3 研究目的与意义 ·· 004
　1.2 研究对象、思路与方法 ··· 005
　　1.2.1 研究对象 ·· 005
　　1.2.2 研究思路 ·· 006
　　1.2.3 研究方法 ·· 006
　1.3 研究内容与创新、不足之处 ······································· 009
　　1.3.1 研究内容 ·· 009
　　1.3.2 创新之处 ·· 011
　　1.3.3 不足之处 ·· 012

2 文献综述 ·· 013
　2.1 国外研究动态 ·· 013
　　2.1.1 人力资本产权研究 ··· 013
　　2.1.2 产权理论与产权交易研究 ···································· 014
　　2.1.3 交易秩序研究 ··· 015
　　2.1.4 运动员人力资本产权交易研究 ······························ 015
　2.2 国内研究动态 ·· 016

2.2.1　人力资本产权研究 …………………………………………… 016
　　2.2.2　产权理论与产权交易研究 …………………………………… 017
　　2.2.3　交易秩序研究 ………………………………………………… 018
　　2.2.4　运动员人力资本研究 ………………………………………… 019
　　2.2.5　运动员人力资本产权研究 …………………………………… 029
　　2.2.6　运动员人力资本产权交易研究 ……………………………… 032
  2.3　研究述评 ……………………………………………………………… 033
  2.4　核心概念界定 ………………………………………………………… 034
　　2.4.1　运动员 ………………………………………………………… 034
　　2.4.2　运动员人力资本 ……………………………………………… 035
　　2.4.3　运动员人力资本产权 ………………………………………… 035
　　2.4.4　运动员人力资本产权交易 …………………………………… 035
　　2.4.5　交易秩序 ……………………………………………………… 035

3　运动员人力资本产权交易秩序的理论机理 …………………………… 037
  3.1　人力资本理论 ………………………………………………………… 037
　　3.1.1　人力资本理论概述 …………………………………………… 037
　　3.1.2　运动员人力资本的属性、内涵与特征 ……………………… 039
  3.2　产权理论 ……………………………………………………………… 040
　　3.2.1　产权理论概述 ………………………………………………… 040
　　3.2.2　运动员人力资本产权的基本属性 …………………………… 041
  3.3　交易理论 ……………………………………………………………… 042
  3.4　行动结构理论 ………………………………………………………… 043

4　运动员人力资本产权交易秩序的逻辑、条件和功能 ………………… 045
  4.1　运动员人力资本产权交易秩序的逻辑 ……………………………… 045
　　4.1.1　运动员人力资本产权交易的逻辑起点 ……………………… 045
　　4.1.2　运动员人力资本产权交易的实践逻辑 ……………………… 046
  4.2　运动员人力资本产权交易秩序的条件 ……………………………… 051

    4.2.1　运动员人力资本产权交易秩序的基础条件 …………… 051
    4.2.2　运动员人力资本产权交易秩序的层次结构 …………… 052
  4.3　运动员人力资本产权交易秩序的功能 …………………………… 053
    4.3.1　运动员人力资本产权交易秩序的一般功能 …………… 053
    4.3.2　运动员人力资本产权交易秩序的改革功能 …………… 055

5 运动员人力资本产权交易秩序转型 ………………………………… 060
  5.1　计划的交易秩序 …………………………………………………… 060
  5.2　传统的交易秩序 …………………………………………………… 062
  5.3　迈向市场的交易秩序 ……………………………………………… 064

6 运动员人力资本产权交易秩序的实地考察 ………………………… 067
  6.1　运动员人力资本产权交易秩序的现状审视 ……………………… 067
    6.1.1　专业运动员人力资本产权交易秩序现状 ……………… 067
    6.1.2　职业运动员人力资本产权交易秩序现状 ……………… 068
    6.1.3　运动员经纪市场交易现状 ………………………………… 070
  6.2　运动员人力资本产权交易秩序的问题挖掘 ……………………… 072
    6.2.1　人力资本开发制度滞后 …………………………………… 072
    6.2.2　政府行政部门管控过多 …………………………………… 074
    6.2.3　运动员人力资本结构欠缺 ………………………………… 076
    6.2.4　运动员经纪市场空间不足 ………………………………… 077
    6.2.5　运动员经纪人才匮乏 ……………………………………… 077
    6.2.6　运动员人力资本产权保护较弱 …………………………… 078
  6.3　运动员人力资本产权交易秩序的致因剖析 ……………………… 079
    6.3.1　管理机制不健全 …………………………………………… 079
    6.3.2　交易制度不完善 …………………………………………… 080
    6.3.3　激励机制不到位 …………………………………………… 081
    6.3.4　监督管理不充分 …………………………………………… 081
    6.3.5　保障机制不完备 …………………………………………… 082

7 运动员人力资本产权交易秩序构建中激励问题的理论与实证研究 ········· 084

7.1 运动员人力资本产权交易的激励分析 ········· 084
7.1.1 内部激励 ········· 084
7.1.2 外部激励 ········· 085

7.2 运动员人力资本产权交易中薪酬激励的作用 ········· 085
7.2.1 体现对运动员价值的认可 ········· 085
7.2.2 促进交易市场的良性发展 ········· 086
7.2.3 塑造健康的组织文化 ········· 086
7.2.4 体现社会公平和市场效率 ········· 086

7.3 运动员薪酬满意度差异性问题的实证研究 ········· 086
7.3.1 数据处理 ········· 087
7.3.2 研究结果 ········· 088
7.3.3 分析与讨论 ········· 091
7.3.4 研究小结与改进策略 ········· 095

8 运动员人力资本产权交易秩序构建中保障问题的理论与实证研究 ········· 097

8.1 运动员人力资本产权交易风险分析 ········· 097
8.1.1 运动员人力资本产权交易的投资风险 ········· 097
8.1.2 运动员人力资本产权交易的立约风险 ········· 098
8.1.3 运动员人力资本产权交易的履约风险 ········· 098

8.2 运动员人力资本产权交易与社会保障的关系 ········· 099

8.3 社会保障对竞技体育投入效率影响的实证研究 ········· 100
8.3.1 模型选择 ········· 101
8.3.2 指标选取与数据来源 ········· 101
8.3.3 社会保障投入视角下我国竞技体育效率实证分析及比较 ········· 103
8.3.4 研究结论与改进策略 ········· 114

9 运动员人力资本产权交易秩序的影响因素与实现原则、目标、机制 ············ 116

9.1 运动员人力资本产权交易秩序的影响因素 ············ 116
9.1.1 培养体制 ············ 116
9.1.2 政治制度 ············ 117
9.1.3 经济制度 ············ 117
9.1.4 市场化程度 ············ 119
9.1.5 信息传导力 ············ 119

9.2 运动员人力资本产权交易秩序的实现原则 ············ 120
9.2.1 自愿原则 ············ 120
9.2.2 投资原则 ············ 120
9.2.3 市场原则 ············ 121
9.2.4 契约原则 ············ 122
9.2.5 保险原则 ············ 122

9.3 运动员人力资本产权交易秩序的实现目标 ············ 122
9.3.1 目标结构 ············ 122
9.3.2 目标实现次序 ············ 123
9.3.3 实现方式的选择 ············ 124

9.4 运动员人力资本产权交易秩序的实现机制 ············ 125
9.4.1 管理机制 ············ 125
9.4.2 交易机制 ············ 134
9.4.3 风险防控机制 ············ 139
9.4.4 激励机制 ············ 144
9.4.5 监督机制 ············ 148
9.4.6 评估机制 ············ 150
9.4.7 保障机制 ············ 155

10 结论与建议 ············ 160
10.1 研究的主要结论 ············ 160

10.2 研究的主要建议 ································ 161

参考文献 ································ 165

附件 1 运动员基础津贴套改表 ················ 172
附件 2 运动员成绩津贴与奖金标准表 ·········· 173
附件 3 专家访谈提纲 ························ 174
附件 4 我国运动员收入调查问卷 ·············· 176

1 绪 论

1.1 研究缘起

1.1.1 研究背景

1.1.1.1 国际背景：人力资本产权理论的传入

在社会生产力低下的年代，货币尚未产生，人们将自己拥有的物品拿到集市上交换生活必备品，因而当时产权更倾向于表示人与物之间的所属和管理关系。而进入奴隶社会以后，随着生产工具的不断产生与优化，社会的生产效率大幅提升。此时，社会产品除了解决人们的温饱问题之外还出现了剩余，这为私有制的产生准备了条件。而伴随私有制的产生，原始社会开始出现奴隶和被奴隶阶级，人们正式进入奴隶社会。奴隶主开始拥有奴隶人力资本的使用权，也就是说，他们可以自由买卖奴隶，而奴隶并没有报酬和人身自由。古希腊时期，柏拉图、亚里士多德等哲学家的诸多著作中早就涵盖了人力资本思想。而在商业发展较为繁荣的16—18世纪，著名的政治经济学之父威廉·配第（William Petty）曾经说过的"土地是财富之母，劳动是财富之父"的著名言论中就明确表达了人力资本的内涵。

随着时代的变迁，市场不再单纯地被视为物物交换的地方，慢慢演变为人们以经济利益为核心的交易媒介，市场的功能、交易方式、结构等都在发生变化。人们不再简单地将目光锁定在物质资本的交易过程之中，而是逐渐关注人力资本相关内容的研究。值得关注的是，美国经济学家于1961年最先提出人力资本的内涵、性质、作用等内容，为人力资本相关研究的展开奠定了基础。在此研究影响下，人力资本理论相关研究的广度和深度不断强化，一些学者在人力资本理论的基础上，开始研究运动员人力资本产权交易理论。竞技体育因其激烈的竞争性吸引了众多观赏的目光，能够带来社会价值。因此，在快速发展的人力资本思想和市场经济腾飞的双重影响下，西方职业运动员作为一种生产要素逐渐被商品化、货币化。

竞技体育系统不断地发生变革，西方的资产私有化和产权明晰化的主导思想也在不断地影响着我国竞技体育的发展。随着我国经济与竞技体育融合得越来越紧密，在人力资本产权理论的影响下，人们逐渐意识到竞技体育终归要面对市场的问题，既然商业行为是纯粹市场化的，那么在解决运动员产权归属问题上，就不得不抛弃计划的管理模式，以市场契约管束其商业行为。在市场经济环境中，运动员是竞技运动的中流砥柱，更是整个职业体育运动的重中之重，体育产业、体育市场的相关经济活动都以运动员为核心展开，即一国竞技体育能否在国际重大赛事夺取奖牌及位次如何，与该国优秀运动员的群体数量和质量呈强正相关。因此，研究运动员人力资本产权交易相关问题，以构建运动员产权交易秩序是我国建设体育强国进程中亟待解决的关键问题。

1.1.1.2 社会背景：人权意识的觉醒

人权（基本人权或自然权利）主要表示每个人都应该享有的权利，其内涵本质主要是指每个人都应该受到公平合理的对待。人权，虽是普通的法律概念，却包含着深刻的道德意蕴。人权缘起于道德，即生而为人理当拥有的权利，它涵盖着丰富的伦理内涵，是以自由、民主、平等为基本属性和价值取向的权利。2004年"国家尊重和保障人权"被写入《中华人民共和国宪法》，三年后，党的十七大上把"尊重和保障人权"写入《中国共产党章程（修正案）》，掀起了人权相关研究的高潮。中华人民共和国成立70多年来，我国的人权状况发生着翻天覆地的变化。关于人权理论及人权法制化的研究已经较为成熟，人们的各项权利都得到相对充分的维护与保障，人们的生活水平与生活品质都得到很好的改善。体育系统也不例外，随着红山口会议提出体育制度改革以来，竞技体育便步入了职业化发展的征程。

我国竞技体育管理体制与国外不同，在新中国体育发展初期开始实行"举国体制"，以全国之力大力发展竞技体育，进而增强我国的综合实力和国际地位。而在举国体制的影响之下，国家和运动员作为利益争议的两大主体。从法律关系来看，两者存在差异，一方是利用行政手段，掌握绝对权威；另一方是其人力资本的第一产出者和"劳动者",人力资本的载体依附者。职业化改革之后,职业体育逐渐转型。运动员的职业身份经历了从计划经济体制下早期的国家事业单位员工到后来的专业运动员,再到市场经济体制下职业运动员和专业运动员并存的演变。在计划经济模式下,运动员与所在运动队的关系是人事关系,不是劳动合同关系,对所在单位具有人身依附性。而在实行职业化改革的运动项目中,这种关系开始向聘用(雇佣)合同关系转变,运动员与俱乐部的权利和义务开始通过签订合同的方式加以约定。中国足球协会就制定了《中国足球协会运动员身份与转会管理规定》,在很大程度上与国际接轨。在我国经济转轨、社会转型的特殊时期,以及多年的举国体制下,人们形成了思维惯性,运动员人力资本及其产权的归属极其模糊,国家没有这方面的法律条文和明确的条例规定,造成了现阶段我国运动员产权难以明晰的现状。但是在人权理论和人权制度不断完善的过程中,运动员人权意识不断觉醒,开始追求自己享有的权利,因而运动员的个人利益与集体利益会发生较大的冲突。而通过明晰运动员人力资本产权以平衡个人利益与集体利益的关系正是运动员人权意识觉醒的最佳表现。

1.1.1.3 时代背景:竞技体育的职业化

目前,我国正处于社会转型的关键时期,在打破计划经济平均分配的枷锁的同时引入市场竞争机制,很大程度上调动了社会各行各业工作的积极性,极大地推动了社会经济水平的发展,各行各业呈现繁荣发展、欣欣向荣之态。改革开放40多年以来,随着经济体制与政治体制改革的不断深化,我国的综合实力及国际地位不断提升。在此背景下,我国体育事业,尤其是竞技体育、群众体育、体育产业等不断发展。竞技体育作为提升我国体育话语权最为直接的途径,其发展依托社会发展同时反过来促进社会、经济的发展。计划经济体制下,我国举全国之力,大力培养运动员,使我国的竞技实力在较短的时间内得到飞速的提升,从1984年洛杉矶奥运会中国实现金牌零的突破,到2008年北京奥运会实现奖牌榜与金牌榜的双第一,再到2022年冬奥会的成功举办,无不展现着我国强大的竞技实力,同时,也把我国竞技体育推入历史的最高峰,使人们将更多的目光投入体育领域。群众体育、竞技体育、学校体育三驾马车并驾齐驱,不懈努力、不断完善,致力于实现体育大国到体育强国完美蜕变。但是,随着经济体制的不断改革,国家为经济、文化发展拟定系列改革条例的同时,也在极力推动体育体制的厘革。运动员和各项目管理中心,或者运动员与俱乐部之间的权益争夺，其本质是运动员人力资本产权的争夺。体育体制逐渐改革的大时代背景之下，竞技体育的职业化发展不断深化，运动员人力资本产权却界定不清。在国家政治、经济体制改革的大背景影响下，体育系统相关方面的改革已表现得有些落伍，近年来竞技体育系统出现的诸多冲突问题所引发的争论使我们不能忽视对我国体育事业的未来发展思考。在市场经济体制下，如果我国运动员产权及其权益关系不能加以明晰，举国体制的某些观念没有改进，更多的冲突事件还将陆续发生。因此，运动员人力资本及其产权问题已成为中国体育改革过程中无法回避的话题。

1.1.2　问题提出

产权交易是市场经济的产物，是一定的产权投资主体对产权客体的买卖活动。运动员人力资本产权交易主要包括竞技体育人才流动和运动员商业价值的开发。继里约奥运会之后，部分运动员的商业价值和社会价值不断延伸，这些运动员人力资本产权的交易成为竞技体育市场化、商业化的产物。然而，由于运动员产权关系错位、重叠等引发的行政垄断、经济纠纷等问题层出不穷。究其本质是运动员人力资本产权交易秩序混乱、运动员产权交易规则和监管制度与整个市场经济运行发展规则已不相适应，严重制约着运动员产权交易市场的进一步规范、开放和发展。《国务院关于加快发展体育产业促进体育消费的若干意见》（国发〔2014〕46号）明确提出，"推进赛事举办权、赛事转播权、运动员转会权、无形资产开发等具备交易条件的资源公平、公正、公开流转"。在政策的有力推动下，体育产权交易市场建设有望加快。因此，在加速扩大竞技体育市场化规模的同时，如何弥补运动员人力资本产权关系的理论认识欠缺，如何化解运动员个体与体制的利益冲突，如何构建运动员人力资本产权交易秩序，已成为我国竞技体育市场化改革亟待解决的现实问题。

1.1.3　研究目的与意义

1.1.3.1　研究目的

通过厘清当前我国运动员人力资本产权交易现状与存在的问题，从理论上深入分析运动员人力资本产权的交易机理，基于经济社会学研究路径，提出面向市场的具有中国特色的人力资本产权交易秩序的实现路径，从而解决我国运动员人力资本产权交易的特殊问题，构建具有中国特色的运动员人力资本产权交易秩序，促进竞技体育市场化、职业化发展，促进运动员人力资本产权交易市场的良性运行。

1.1.3.2 研究意义

（1）理论意义

运动员人力资本产权是交易基础，人力资本产权只有通过交易才会体现其价值所在，它体现了运动员人力资本载体与投资者利益博弈的选择域和他们之间的经济权力关系。市场化的产权交易与流动是促进运动员人力资本产权价值实现的重要途径，也是对运动员人力资本进行激励的主要手段。对市场化的产权交易与流动进行研究，能为在转型期建立中国特色的运动员人力资本产权交易制度提供强有力的理论支撑，为举国体制下运动员管理制度改革提供理论支持。此外，还能引起社会各界对体育产权交易尤其是人力资本产权交易的重视，吸引更多的学者参与人力资本产权交易基础理论研究，填补体育领域关于产权市场交易秩序的研究空白，拓宽体育经济学及经济社会学理论研究视域。

（2）实践意义

运动员产权问题的解决是市场经济有序运行的需要，是一个法治国家必须解决的问题，更是我国竞技体育领域必须回答的问题。建立市场化的产权交易与流动制度是摆脱目前困境的有效途径，可有效解决实践中存在的运动员人力资本启动问题（后备力量培养）、运动员人力资本配置问题（运动员流动），以及运动员人力资本激励与产权交易秩序构建问题，进而促进中国竞技体育制度的完善与发展，推动体育社会化、产业化，促进我国体育产权交易市场的良性运行。

1.2 研究对象、思路与方法

1.2.1 研究对象

本研究以我国运动员人力资本产权交易为研究对象，探讨运动员人力资本产权交易的相关问题及交易秩序的实现。

1.2.2 研究思路

本研究的基本思路为按照问题切入—理论梳理—现状呈现—理论建构—演绎分析—对策建议依次展开。以经济学和社会学的基本理论为依据，综合运用规范研究与实证研究、定性分析与定量分析、宏观分析与微观分析相结合的方法，深入系统地分析我国运动员人力资本产权交易的实际问题，用交易秩序的概念构建运动员人力资本产权交易的理论框架，解析运动员人力资本产权交易理论框架下现阶段的运动员交易、运动员产权制度变革、运动员人力资本激励与保护情况，探索其中存在的问题并提供对策和建议。

1.2.3 研究方法

1.2.3.1 文献资料法

以运动员、人力资本、产权、交易秩序等为关键词，通过图书馆和互联网大量收集、整理国内外经济学和社会学中人力资本产权交易相关理论的论文、专著及网络信息等研究资料，重点阅读和分析运动员人力资本产权的相关文献资料，梳理可借鉴的理论成果，为本研究奠定理论基础。

1.2.3.2 专家访谈法

针对我国运动员人力资本形成与开发、运动员人力资本产权交易、运动员人力资本产权激励、运动员权益保障等问题，对国家行政管理者、企业负责人、交易所负责人、教练员、专家学者进行咨询访谈。旨在了解运动员流动的基本情况，包括总人数、同级转会人数、跨级别流动人数等；了解运动员流动管理的制度依据；了解运动员、教练员及行政管理人员对运动员转会的认识与态度；了解运动员与相关主体产权拥有的制度；了解运动员所拥有的商业权限及其相应的管理制度（代理人、利益分配与监管等）；了解运动员收入的类型（区分职业与专业）；了解运动员经济情况；了解运动员产权激励与保障相关政策（表1-1）。

表 1-1 专家访谈人员名单

姓名	单位/职务	访谈地点	访谈时间
常成	国家体育总局竞体司副司长	北京市	2019 年 5 月
孙军	吉林东北虎篮球俱乐部总经理 吉林省篮球协会主席	吉林省长春市	2019 年 7 月
李坚柔	河北短道速滑队主教练、2014 年索契冬奥会短道速滑女子 500 米冠军	吉林省长春市	2019 年 7 月
卢卓	河北省速度滑冰教练员 全国速滑冠军赛 500 米冠军、 1000 米冠军、男子短距离全能冠军	线上访谈	2019 年 7 月
张守伟	东北师范大学体育学院院长	吉林省长春市	2019 年 7 月
孔庆波	重庆文理学院教育学院书记、院长	重庆市	2019 年 8 月
王新民	广州市群众体育中心副主任	广东省广州市	2019 年 8 月
李文学	黑龙江省雪上项目训练中心主任	黑龙江省哈尔滨市	2019 年 7 月
李杰	广东省体育二沙运动训练中心办公室主任	广东省广州市	2019 年 6 月
陈卫	南通市体育运动学校办公室主任	江苏省南通市	2020 年 3 月
梁志文	南通市体育运动学校射击教练	江苏省南通市	2020 年 3 月
戴小中	南通市网球协会秘书长	江苏省南通市	2019 年 4 月
刘建	南通大学体育科学学院院长	江苏省南通市	2019 年 5 月
李菊	南通大学体育科学学院副院长 乒乓球奥运冠军	江苏省南通市	2019 年 7 月

1.2.3.3 实地调研法

运用实地调研法了解运动员产权交易现状和存在的问题。利用云南昆明高原训练基地进行集训的机会，在云南大学体育部主任牟少华教授、呈贡训练基地主任沙应正教练、海埂训练基地（云南体育运动职业技术学院）李锡云教授的帮助下，对参加训练的大部分运动队的运动员和教练进行了问卷调查。调查范围涉及东部、中部、西部的广东省、辽宁省、湖南省、吉林省、北京市（国家体育总局）、上海市、山西省、浙江省、江苏省、四川省等十多个省市。通过实地调研了解我国运动员人力资本产权的交易实践、薪酬激励及竞技体育保障状况，尤其是各个投资主体对运动员人力资本产权的开发、利用及管理的实际情况，收集个案分析素材。调查对象包括专业运动员、职业运动员、半职业半专业运动员三种类型。调研单位包括中国足协、体操管理中心、辽宁田管中心、吉林省篮协、黑龙江省雪上项目训练中心、大连市体校、南通市体校、苏州市体校、山东鲁能足球俱乐部、吉林东北虎篮球俱乐部等。

1.2.3.4 问卷调查法

问卷设计：查阅相关科研方法和社会调查的资料，借鉴成熟的理论，调查问卷内容借鉴员工工作分析与薪酬设计相关内容，改动设计而成（附件四），已对所获数据进行统一处理。问卷设计中，根据实际情况采用了单选题和问答题等形式。由于对薪酬调查方面的相关问卷业已成型，且有较为权威的设计方式，因此，效度与信度都较高，也为研究的进行节约了时间、精力和物力。

问卷发放和回收：为了保证问卷回收率和有效率，在呈贡训练基地、海埂训练基地、广东省二沙体育训练中心、个别 CBA 赛场，采用现场发放、回收问卷的办法，保证回收率。发放问卷 400 份，回收 390 份，剔除无效问卷 38 份，有效问卷 352 份，回收率达 90%以上。由于我国在经济发展水平上具有一定的区域性差异，在调查过程中选取了分别代表东北东部、中部、西部地区的辽宁、广东、湖南、云南等省（区、市）的运动员作为调查对象，调查的运动项目包括田径、击剑、自行车、游泳、体操、羽毛球、乒乓球、篮球、足球。

1.2.3.5 数据包络分析法

数据包络分析法（DEA）是一项可评估多项投入与多项产出的方法，其优势在于无须构成生产函数对参数进行估计，不受投入与产出变量计量单位的影响，同时，DEA 方法中的权重不受人为主观因素的影响。为探究社会保障对竞技体育事业效率贡献情况，综合考虑了社会保障投入外生变量、体育场馆投入存续变量等对效率值产生的影响因素后，运用数据包络分析法，本书构建了修正的外生变量的动态 DEA 模型，将 D-DEA 模型分为投入导向型、产出导向型和非导向型。并基于动态 DEA-SBM 模型，研究了 2013—2016 年 30 个省（区、市）（西藏数据缺失较多，故分析时将其剔除）对运动员的住房、医疗和社会保障投入对竞技体育产出效率的影响，以及地区之间的差异，以此为科学评价运动员人力资本的社会保障对竞技体育综合效率的影响及合理配置竞技体育资源提供参考。

1.3 研究内容与创新、不足之处

1.3.1 研究内容

1.3.1.1 运动员人力资本产权交易秩序的理论机理

采用"源（理论渊源）—流（研究流派）—域（研究领域）"层层推进的渐进式结构，从理论渊源上阐述本研究的理论基础。明确将人力资本理论、产权理论、交易理论、行动结构理论作为本研究的理论基础。其中，人力资本理论强调了运动员人力资本的价值与特殊性；产权理论界定了运动员人力资本产权的归属关系；交易理论分析了运动员人力资本产权的市场交易内容、方式等；行动结构理论提供了运动员人力资本产权交易秩序构建的方式和结构。

1.3.1.2 运动员人力资本产权交易的逻辑、条件与功能

首先，明确我国运动员人力资本产权交易的逻辑。人力资本产权交易是市场经济运行的关键，产权交易的科学性、合理性关乎运动员市场经济的顺利发展。遵循经济学的理论依据和基本原则，厘清运动员人力资本产权交易的逻辑起点，从运动员人力资本产权的权能实现，以及政治、理论、制度三个产权交易价值实现的角度，探讨运动员人力资本产权交易的实践逻辑，以便更好地维护国家、集体、运动员的权益，最大限度地扩充现有运动员人力资本存量。

其次，说明我国运动员产权交易的基本条件，是国家、集体和个人利益的协调。交易秩序的层次结构是双层次的，是建立在单个交易基础之上的社会交易秩序，交易构成了交易秩序的基础单位。微观水平上的个体交易秩序构成了宏观水平上的社会的交易秩序的基础和条件。

最后，阐述运动员人力资本产权市场交易秩序的功能。运动员资本产权交易市场不同于一般的社会金融，具有独特之处，但就产权交易秩序来说，两者皆由买卖双方的交易行为构成。因而，运动员人力资本产权市场交易秩序有促进人力资本启动、提高薪酬水平、促进人力资本合理流动的一般功能。又因为交易内容、方式、方法、过程有所不同，有体制转型过渡期的改革功能。

1.3.1.3 运动员人力资本产权交易秩序转型与实践考察

从制度变迁视角，基于社会文化基础，分析了我国运动员人力资本产权交易

秩序正在经历从计划的交易秩序、传统的交易秩序向市场导向的交易秩序的转型。解释三种模式下我国运动员人力资本产权交易秩序的社会性问题，探索造成它们转型的基本原因，研究其未来发展趋势。从现状审视、问题挖掘和原因剖析三个层面对专业运动员人力资本产权交易秩序、职业运动员人力资本产权交易秩序、运动员经纪市场交易秩序进行实践考察。从人力资本开发制度、政府行政部门管控、运动员人力资本结构、体育经纪市场空间、体育经纪人专业素养、运动员人力资本产权保护多个角度，挖掘中国经济体制改革与体育经济社会发展过程中运动员人力资本产权交易出现的相关问题，并从管理机制、交易制度、激励机制、监督管理、保障机制层面深入剖析其出现的原因。

1.3.1.4　运动员人力资本产权交易秩序建构中的激励与保障问题

运动员人力资本产权交易秩序建立的内在力量是动机，外在力量是规范。从与内外力量对应的激励与保障角度，即从交易秩序的激励与保障角度，探讨在坚持"西方范式"确认运动员权利的同时，结合"中国范式"理解激励与保障对于运动员人力资本产权交易秩序的重要意义。

首先，明确运动员人力资本产权交易秩序建构中交易的激励问题。在分析运动员人力资本产权交易的个体激励、内部激励、外部激励的基础上，深入进行中国特色社会主义经济中运动员人力资本产权交易中薪酬激励的价值、功能与薪酬满意度差异性问题的实证研究，揭示其权变因素产生的原因。

其次，探析交易秩序建构中运动员人力资本产权价值实现的保障问题。运动员人力资本产权社会保障问题的研究是保障运动员人力资本载体流动、参与市场竞争、保障人力资本再生产的重要内容。分析运动员人力资本产权交易的各种风险与社会保障之间的关系，探讨社会保障对竞技体育投入效率影响的实证效应，通过构建具备中国特色的运动员人力资本产权交易效率评价模型，为各个产权主体的产权交易与权利保障提供理论依据。

1.3.1.5　运动员人力资本产权交易秩序的影响因素、目标体系与实现机制

首先，从体制因素、政治因素、经济因素、市场因素、信息因素五个方面明晰运动员人力资本产权交易秩序的影响因素。

其次，建立交易秩序的目标，探讨目标实现次序与方式。将效率和公平设定

为社会的交易秩序目标，一方面从个人理性和集体理性视角探讨交易秩序公平与效率目标的实现；另一方面从机会均等、交易公平、分配公平方面探究交易秩序互动目标的实现。同时，运用个人理性的交易秩序与集体理性结构相结合的综合方法论，研究个别交易的形成，在此基础上，进一步研究微观水平上的交易活动如何有助于实现宏观水平上的公平与效率目标，以探讨个人和集体的交易秩序的实现方式。

最后，提出优化运动员产权交易秩序的实现机制。机制问题是运行原理和方法问题，在市场经济条件下，运动员人力资本交易受到市场机制（供求机制、价格机制、竞争机制）的调节和引导，但运动员人力资本产权的依附性、主观性和无形性会导致运动员人力资本市场交易秩序的紊乱。因此，本研究提出用管理机制、交易机制、激励机制、监督机制、评估机制、保障机制来保障运动员人力资本产权的交易秩序，提高其交易效率，促使运动员人力资本产权交易秩序进入良性运行状态。

1.3.2 创新之处

1.3.2.1 研究视角创新

从交易与交易秩序的视角对运动员人力资本进行研究，体现了经济学与社会学交叉的新视角。同时，以体制转轨和市场发展为背景，避免了运动员人力资本产权制度设计中国家、集体、个人可能出现的机会主义倾向，研究结果更贴近现实。

1.3.2.2 学术观点创新

对运动员人力资本问题的考察与理论研究既重视正式制度，也注意非正式制度的价值与作用。本研究通过交易秩序的概念概括交易的社会性，对意识形态、价值观念、伦理道德等非正式制度进行了整合，研究结果更有信念协调和价值评判的功能。

1.3.2.3 研究方法创新

运动员人力资本产权交易比一般产权交易更具复杂性，用质性研究方法和数据包络分析、非参数检验的量性研究方法对运动员人力资本产权交易行为、交易方式，以及运动员激励和保障对竞技体育的影响等进行研究，具有客观性、准确性和科学性。

1.3.3 不足之处

本书借助社会学、经济学、体育学等领域的前人理论成果，在一定程度上呈现了运动员人力资本产权交易的相关问题，建构了面向市场的我国运动员人力资本产权交易秩序，探讨了交易秩序的目标及其实现机制，在一定程度上为提升运动员群体的良性社会融入指明了方向。但本书在诸多方面仍需不断地进行深入研究。

其一，运动员人力资本产权交易包括的内容广泛，涉及的主体众多，本书更加侧重从社会学的角度整体解读运动员产权关系错位、重叠等引发的行政垄断、经济纠纷等相关社会问题，并未从微观层面对经济学中涉及的交易方式、交易定价及交易费用等方面的内容展开更加细致的研究。因此，作为经济学和社会学交叉研究，本书从经济学视角分析问题的深度略显不足。

其二，交易的过程本身就蕴含庞杂的识别信息，而运动员人力资本产权交易更与一般商品交易不同，它不仅是最终商品的交易，还包括运动能力、肖像权等一系列交易，交易内容更丰富，交易方式也更多样，交易定价更加复杂。所以，鉴于运动员人力资本产权交易过程的深度复杂性，本研究很难将所有的交易因素进行统一的博弈分析。故此，后续研究应及时跟进，全面深入地剖析运动员人力资本产权交易过程中折射出的问题。

其三，限于笔者自身精力及社会关系等诸多方面的实践性因素限制，本研究主要立足于对"普通"运动员群体进行"整体性"考察，而对以"明星"运动员为代表的群体、市场化程度较高的代表性运动项目运动员的研究不足，后续应扩大研究范围并开展深度研究，加强对具有典型性的不同类型运动员人力资本交易进行全方位的深入考察。

2 文献综述

人力资本产权交易秩序属于人力资本理论、产权理论、交易理论、行动结构理论的交叉性研究。运动员人力资本产权交易的相关文献相对匮乏，同时，为了更好地了解国内外学者在该领域的研究状况，为本研究提供一个更广阔的知识背景，下面从人力资本产权、产权理论与产权交易、交易秩序、运动员人力资本产权交易四个方面进行文献综述。

2.1 国外研究动态

2.1.1 人力资本产权研究

国外关于人力资本产权的专门研究较为匮乏。相关文献很少，其思想散落于经济学、制度经济学领域的相关研究中。很多学者认为，人力资本产权思想源于马克思的劳动力产权研究。西方经济学鼻祖亚当·斯密最早提出了人力资本产权思想。他认为，对一个穷困潦倒的人来说，他自身的力气与本领便是他全部的世袭财产。在尊崇平等、不损害他人权益的前提下，限制、亵渎甚至掠夺他们的力气与本领，便极大地触动了这神圣的资产。他虽没有一针见血地为人力资本产权下定义，但事实上，他所指的"劳动所有权"与人力资本产权概念有十分密切的关联。舒尔茨在创立人力资本理论时就讨论了人力资本所有权问题的存在。20世纪90年代，以斯科特、格鲁克曼、赫普曼、贝克尔等为代表的经济学家将人力资本产权问题也纳入研究内容之中。例如，在所有权方面，贝克尔被视为经济思想中人力资本投资的起点，罗森、巴泽尔等人论述了人力资本仅属于其承载者所有的观点。人力资本产权是人力资本理论及企业理论的一个重要方面。关于"谁拥有企业产权"，西方理论界有两种相反的观点：一种观点认为，对物质资本的所有是对人力资本控制的依据；另一种观点认为，物质资本所有者只能拥有企业的部分所有权。

2.1.2　产权理论与产权交易研究

国外产权研究积淀深厚。产权理论学说起始于1937年，罗纳德·科斯在《经济》杂志上发表了一篇至今仍赫赫有名的文章——《企业的性质》，奠定了"交易费用"学说的基础。直至1960年，科斯发表了《社会成本问题》，产权经济学才日趋形成和发展起来。罗纳德·科斯在他的两本著作——《联邦通讯委员会》与《社会成本问题》中分别阐述了相关产权理论，这两本书中蕴含的产权思想开辟了西方产权理论的新领域，被后人誉为现代西方产权理论的鼻祖。另外，他的著作《企业的性质》中更是逻辑清晰地阐明了产权在经济学中的重要地位，但是科斯没有对产权进行深入分析。类似地，马克思也并未直截了当地叙说产权理论，而是从宏观角度论述了其制度是如何呈现的。此后，阿尔钦、德姆塞茨、诺斯、威廉姆森等对产权理论的发展作出了重要贡献。美国加州大学经济学教授哈罗德·德姆塞茨依据所有权的内容描述产权的生产过程，认为由于资源的稀缺，才出现了产权概念。他指出："产权是一种社会工具，其重要性就在于事实上其能够帮助一个人形成他与其他人进行交易时的合理预期。这些预期通过社会的法律、习俗和道德得到表达。产权所有者拥有他的同事同意他以特定的方式行事的权利。"[1] 美国蒙塔那州立大学教授安德森认为：产权能够被控制、被捍卫，亦可被掠夺。阿尔钦指出，"产权是一个社会所强制实施的选择一种经济品使用的权利。"他认为，产权体系是"授予特定个人某种权威的办法，利用这种权威，可以从不被禁止的使用方式中，选择任意一种对特定物品的使用方式"[2]。同时，罗纳德·科斯主要从交易成本的角度，阿尔钦和德姆塞茨从所有权角度，诺斯从信息经济学角度，威廉姆森从交易成本、委托代理的角度，格罗斯曼、哈特等从不完全契约的角度，分别分析、补充、发展了产权理论，证明了产权的重要性。此外，詹福森和托斯分析了中国经济转型中产权交易市场的重要性。

---

[1] Harold Demsetz. Ownership, Control, and the Firm [M]. Oxford: Blackwell Publishers, 1988.
[2] Armen Alchian, Harold Demsetz. Production, information costs, and economic organization [J]. American Economic Review, 1976, 62 (7): 120-124.

2.1.3 交易秩序研究

国外学者围绕市场交易秩序形成的具体机制问题进行了丰富的研究。经济学和新经济社会学分别形成了独具特色的四种研究范式：制度主义范式、信息主义范式、嵌入性研究范式、行动结构范式。第一，制度主义范式。康芒斯在其研究中论述了制度在市场交易秩序形成中的基础性作用[1]，说明了交易行为具有社会属性。青木昌彦运用演化博弈规则论，揭示了诚信的市场交易治理机制问题。第二，信息主义范式。此范式的建立源于对"完全信息"这一交易假设的批驳。约瑟夫·斯蒂格利茨、王燕燕认为，市场中的非对称信息会错误地引诱市场交易主体的盲目行为，从而导致道德风险的存在[2]。第三，嵌入主义范式。卡尔从嵌入性的视角反思了自由主义市场理念，在他看来，市场经济活动一直嵌入于政治、宗教中[3]。沃特尔揭示了社会网络对价格高低、信息传递、交易成败等众多交易活动的重大影响，说明了社会网络对交易秩序调节的重要程度[4]。第四，行动结构范式。皮埃尔·布迪厄从经济学的角度分析了市场交易进行中交易主体的整个行为特征，认为这种交易的全部过程可以看作"实践"的又一种非常形式。他在社会实践理论中的真知灼见，特别是他对场域的划分及由此形成的实践逻辑，助推后世成功超越了机械主义和个人主义的市场交易秩序研究范式，用理论阐释了市场交易行为是"在最细微、最平凡的形式中体现出来的那些实践行动"[5]。大卫·M.柯茨、陈晓认为，人们的"'实践'活动天然就具有将结构与行动以及建构与运作（即规则或结构的再生产）结合起来的特性"[6]。

2.1.4 运动员人力资本产权交易研究

西方发达国家运动员基本上是由所在家庭或者认为该运动员有巨大发展潜力

---

[1] Commons, Janos. What the change of system from socialism and capitalism [J]. Camparative Politcs, 1992.
[2] 约瑟夫·斯蒂格利茨，王燕燕. 走向一种新的发展范式 [J]. 经济社会体制比较，2005（1）：1-12.
[3] 卡尔·波兰尼. 大转型：我们时代的政治与经济起源 [M]. 冯钢，刘阳，译. 杭州：浙江人民出版社，2007.
[4] Walter Powell. Neither markets nor hierarchy: Network forms of organization [J]. Research in Organizational Behavior, 1990 (12): 295-336.
[5] 皮埃尔·布迪厄，华康德. 实践与反思——反思社会学导引 [M]. 李猛，李康，译. 北京：中央编译出版社，2004.
[6] 大卫·M.柯茨，陈晓. 国家在经济转型中的作用（下）——俄中经济转型经验比较 [J]. 国外理论动态，2005（2）：32-36.

的企业、运动队或俱乐部投资培养的,很多运动员甚至是业余的,凭兴趣训练,运动员的人力资本产权属于为自身人力资本投资的家庭或组织,运动员所获收益(奖金、广告、赞助等)的分配依据的是清晰的产权界定,遵从"谁投资,谁受益"的基本原则,很少发生人力资本产权交易纠纷问题。因此,国外学者更多关注运动员的经营与收益方面,如帕克豪斯基于职业体育劳资关系探讨了资方与劳工的基本要素[1];卡特·罗维尔从个人品牌塑造、雇员关系、新市场开发等方面对运动员经营进行了阐释[2]。

西方职业体育运动员人力资本产权交易配置样式源于西方独一无二的制度和文化根基,所以,国外学者更多将精力放在运动员品牌塑造、薪酬分配、权力维持及俱乐部成员转会等相关法责问题上。索姆皮克曾提及,虽然对运动员来说,他们有着极高的薪酬,但所有这些都由经济市场结构所决定,所以现实情况是即使处于优秀运动员等级,他们也不能永远享有特权——将自身卓越的运动技能售于最高价格[3]。大卫·卡特从体育品牌知名度的提升、雇主与运动员的关系等角度为优秀运动员获取最高收益提供了一些参考意见[4]。米特恩从合同签订的角度阐释了优秀运动员在有关劳务合同方面的一些步骤、调解内容和契约条目问题。他认为,在确立的劳务合约中,除薪酬条款外,还理应囊括保障、激励、退役、风险、残疾、转会等条款[5]。

2.2 国内研究动态

2.2.1 人力资本产权研究

国内相关研究较为丰富。国内学者主要基于企业理论的扩展从微观主体企业的角度对人力资本产权进行了较为丰富的研究,研究内容主要包括三个方面:

---

[1] Parkhouse. Developing an instrument to measure athletic donor behavior and motivation [J]. Journal of Sport Management, 1996, 10 (1): 262-277.
[2] 卡特·罗维尔. 经营体育——美国体育领袖的商业之道 [M]. 北京:中国人民大学出版社,2005.
[3] Somppi K., Salary V. Marginal revenue product under monopsony and competition: The case of professional basketball [J]. Atlantic Economic Journal, 1985, 13 (3): 50-59.
[4] David M., Carter. On the Ball: What You Can Learn about Business from America's Sports Business Leaders [M]. London: Routeletge, 2001.
[5] Mitten M, Opie H. Sports Law: Implications for the Development of International, Comparative, and National Law and Global Dispute Resolution [M] Lex Sportiva: What is Sports Law, 2011.

①概念、属性和特征。人力资本产权具有产权的共同属性，其一般属性包括排他性、可分解性、可交易性、收益性等①；特殊属性包括个人的天然属性、价值的自发性、与其载体的不可分离性、专用性与协作性等。李建民认为，人力资本产权是存在于人体之内、具有经济价值的知识、技能乃至健康等的所有权②。②制度安排。许多学者也从不同角度进一步阐释了人力资本拥有企业产权的必然性及人力资本产权制度。石金涛认为，凡是涉及人力资本所有权的相关问题，应当秉承"投资即拥有"的规则。换句话说，当一个人获得一个以上市场主体投资时，这个人的人力资本产权则可以隶属于多个投资主体，这也就是我们常说的"设投资，谁受益"③价值计量③。人力资本价值计量方法可以被归纳为五类：成本法、未来收益法、价值法、模型法和非货币计量法。

2.2.2 产权理论与产权交易研究

我国产权相关研究成果丰富。国内学者围绕对我国的产权交易及产权交易市场进行了大量的研究工作，对产权理论作出了精彩分析，主要论述了产权交易的作用、产权交易的法律文件，以及产权交易市场的管理及配套交易条件等问题。国内学者结合国外最新产权研究成果确立和丰富了具有中国特色的现代产权理论体系。高海燕指出，"产权是一种所有权，包括对财产的终极所有权、经营权、直接使用权和使用财产的收益权，以及使用收益的转让权"④。吴宜恭认为，"产权就是所有制权制（Property Rights）的另一种译法，它指财产关系或者所有制关系在法律上的反映，也可以说是以法权的形式表现的所有制关系，它包括狭义的所有权、占有权、支配权、使用权，以及运用这几个权获取相应经济利益的权利（即收益权和用益权），即产权就是广义的所有权"⑤。苏星认为，"产权有两种含义，其一是指所有权，其二是指占有权和经营权"⑥。刘世锦认为，"产权就是资源稀缺条件下人们使用资源的权利，或者说人们使用资源时的适当规则。完整的产权是以复数的形式出现的，它不是一种而是一组权利，其中包括对财产的

---

①黄乾，孔令锋. 人力资本产权理论研究述评 [J]. 学术论坛，2003（5）：4-5.
②李建民. 山东科技与经济协调性发展问题分析 [J]. 科学·经济·社会，2009，27（1）：33-36，42.
③石金涛. 现代人力资源开发与管理 [M]. 上海：上海交通大学出版社，2001.
④高海燕. 制度的选择与改革——张五常产权经济思想简介 [J]. 经济社会体制比较，1995（2）：6-14.
⑤吴宜恭. 产权理论比较：马克思主义与西方现代产权学派 [M]. 北京：经济科学出版社，1900.
⑥苏星. 论维护公有产权制度 [J]. 中共中央党校学报，2005（2）：72-75.

使用权、转让权,以及与上述两种权利相关的收益权"①。刘凯湘认为,"产权具有狭义和广义之分,广义的产权是指社会的财产的归属及其与所有权利益关系;狭义的产权指企业产权,是企业财产在经济运动过程中所有、占有、支配、使用、收益、处置等权的分离和组合,以及遵循的规则"②。

2.2.3 交易秩序研究

国内学者相关研究较少,现有成果也多是围绕嵌入结构主义这一分析范式进行的。李林艳归纳和整理了新经济社会学中散布的关于交易秩序的研究,提出经济社会学应该把自己的任务限定在从社会—文化的角度去解读交易秩序,并在此基础上,提出交易秩序应被理解为多向度的社会空间。这一多重空间除了包括传统的经济层面,还至少应包括政治和象征这两个相当重要的维度③。谭小英认为,市场交易秩序是由一系列的合同行为构成的。在法律上,合同行为是由《中华人民共和国合同法》进行调整和规范的,但是《中华人民共和国合同法》在规范合同行为时,奉行的一个基本原则是合同自由原则,换言之,市场交易自由也就是合同自由。在市场交易中,自由与秩序是一对孪生子,既对立又统一。正确认识和把握二者的关系对于完善市场监管制度,健全市场交易机制,使市场交易有序而富有活力,具有重大的现实意义④。权衡从人类交易活动扩展与交易成本关系角度分析探讨经济体制变迁和选择与交易成本的内在关系,进而说明社会主义初级阶段的经济运行之所以选择市场体制而非计划体制的根本原因就在于市场体制更能最小化交易成本,从而更好地提高人类交易活动和生产活动的效率⑤。宋晶对市场交易的内涵及特征进行了界定,并在此基础上对市场交易秩序的内涵及规范化的标准、市场交易秩序的影响因素进行了分析,从重构社会信用体系、强化市场监管、规范政府行为等方面,就如何加强对市场交易行为的规制、建构优良的市场交易秩序提出了对策建议⑥。曹扬、施惠玲认为,现代化经济体系要更加注重经济

---

①刘世锦. 关于产权的几个理论问题(上)[J]. 经济社会体制比较,1993(4):50-55.
②刘凯湘. 论经营权与国有企业产权制度改革[J]. 北京商学院学报,1992(2):22-26.
③李林艳. 交易秩序的多重面向——寻访新经济社会学[J]. 社会学研究,2005(2):198-217,246.
④谭小英. 论合同自由与市场交易秩序[J]. 中国工商管理研究,2001(7):91-96.
⑤权衡. 交易秩序、交易成本与体制选择——计划体制与市场体制的交易成本比较分析[J]. 开发研究,2002(1):11-13.
⑥宋晶. 论市场交易秩序及其建构[J]. 东北财经大学学报,2006(6):3-7.

发展质量和效益，在区域间注重发展的系统性和协调性，在产业链上更加追求微笑曲线的两端[1]。

2.2.4 运动员人力资本研究

人力资本的研究起步于西方且该理论在西方较为成熟，国内的人力资本研究也只有20多年之久，相关理论研究缺乏，有关运动员人力资本的研究更是稀缺。但近年来，相关研究日渐丰富，学者们从多个角度对运动员人力资本进行了深入研究，出现了大量的研究成果。

2.2.4.1 运动员人力资本概念研究

（1）运动员人力资本含义研究

国内学者在人力资本概念的基础上从不同角度对运动员人力资本内涵进行了定义。从产权角度，董伦红认为，运动员人力资本是作为产权载体的运动员通过有意识的投资活动获得的凝结在运动员身上的资本存量[2]。这种资本存量包括三种：竞技能力，如竞技知识、技能、体力等；非智力性因素；社会活动力，如道德、名誉和社交关系。从运动员特点角度，杨年松认为，运动员人力资本是运动员拥有的知识、体力、技能、智力、社会声望等一切具有经济价值的体育资源的总称[3]。从运动员人力资本的内容、载体角度，运动员人力资本指蕴藏在运动员身上的专项运动技能、运动知识、经验，以及保证这些运动技能和知识得以充分发挥达到最佳竞技状态所必备的心理、智力和生理条件[4]。从人力和资本角度定义，潘建华、李忠、王武年认为，运动员人力资本是以运动员为载体凝聚在其身上的能带来现期、未来收益的价值存量，这种价值存量通过特定行为主体投资形成，包括体能、技能、知识、名誉等[5]。从隐性人力资本角度，可以将运动员人力资本解释为存在于运动员身上的知识、经验、运动员精神、社会关系网络等具

---

[1] 曹扬，施惠玲．健全和规范现代化经济体系的主体秩序和交易秩序 [J]．经济问题，2019（1）：12-16．
[2] 董伦红．论竞技运动员人力资本产权价值 [J]．武汉体育学院学报，2007，41（10）：33-36．
[3] 杨年松．职业体育人力资本所有权性质、特点与政策建议 [J]．体育学刊，2005（1）：39-41．
[4] 林锋，吕秋壮，宋君毅．论高水平竞技体育运动员人力资本产权流动 [J]．山东体育学院学报，2010，26（5）：15-18．
[5] 潘建华，李忠，王武年．我国运动员人力资本内涵、特征及价值分析 [J]．成都体育学院学报，2012，38（6）：22-25．

有经济价值资源的总称[1]。许延威对运动员人力资本的概念进行了辨析，将运动员人力资本的外延归类为两种：一种是以竞技能力为载体的体育知识、技能等，另一种是以运动员人格标识为载体的肖像、声誉、姓名[2]。人格权与载体不可分离，也不能作为资产，若将其财产化有悖于现代人权观念并违背了我国的法律规定，应将运动员人力资本概念替换为运动员竞技能力的附加经济价值和运动员人格标识的商业价值。

(2) 运动员人力资本特征研究

从人力资本的形成和价值角度，潘建华、李忠、王武年认为，运动员人力资本具有形成时间长、时效性、专用性、稀缺性、异质性、价值不稳定性、度量标准单一性的特点[3]。从产权角度，林峰认为，承载者占有人力资本的天然性；人力资本实际使用者的唯一性；运动员人力资本产权的不完整性；运动员人力资本的不确定性[4]。除以上几种观点之外，刘健、沈文宇认为，运动员人力资本还有以下四种特征：追求个人利益最大化的自利性；能动性；对物质资本、其他人力资本的依附性；风险性[5]。

2.2.4.2 运动员人力资本价值研究

(1) 运动员人力资本价值构成研究

从劳动价值论角度看，人力资本价值包括三部分：①维持人力资本原材料"人"正常存活和健康的生存资料价格 c；②直接训练性投资 v；③学习性、创造性劳动和努力凝结成的价值 m[6]。从人力资源会计角度看，汤起宇、贺光伟将职业人力资本的价值构成划分为两大类：一是影响俱乐部当前效益的投资支出，即

---

[1] 刘玉斌，张珊. 优秀退役运动员隐性人力资本转化机理研究 [J]. 天津体育学院报，2013，28 (6): 468-471.
[2] 许延威，王青. 我国职业足球运动员人力资本产权交易的研究 [J]. 沈阳体育学院报，2021，40 (4): 73-81.
[3] 潘建华，李忠，王武年. 我国运动员人力资本内涵、特征及价值分析 [J]. 成都体育学院学报，2012，38 (6): 22-25.
[4] 林锋，吕秋壮，宋君毅. 论高水平竞技体育运动员人力资本产权流动 [J]. 山东体育学院学报，2010，26 (5): 15-18.
[5] 刘建，沈文宇. 我国运动员人力资本及其属性 [J]. 沈阳体育学院学报，2008，27 (1): 24-28.
[6] 孙娟，张宇飞，孔庆波. 从劳动价值论探讨运动员人力资本价值构成 [J]. 武汉体育学院学报，2008，42 (11): 9-13.

职业体育俱乐部为培养职业运动员人力资本所付出的成本，包括取得（获得性）支出、使用与开发支出、离职损失；二是与职业体育俱乐部未来收益相联系的价值增值，即运动员人力资本随着持续的投资过程而出现的可能增值[1]。从人力资本要素性质角度看，运动员人力资本价值可以分为：效率性人力资本要素，包括运动员的体能、技能、体育知识及心理能力；动力性人力资本要素，即影响运动员能动性的要素，包括需要、兴趣、动机、情感、意志和性格等非智力因素；交易性人力资本要素，即运动员的道德水平、声誉和社会交易资本等影响人力资本收益的因素[2]。从运动员身价角度看，邰峰、张文杰认为，运动员人力资本价值构成从狭义身价看包括以转会费、出场费衡量运动员身价等，从广义身价看既包括运动员狭义身价又包括市场影响力、社会声望和附加资本等带来的资本价值的总额等[3]。

研究运动员人力资本价值构成的目的在于科学地认清运动员所具有的价值，明晰其价值构成，最终为科学判定运动员价值贡献，明确制定运动员薪酬、转会价格，制定交易制度等提供依据。各学者试图从不同角度划分运动员人力资本价值，从人力资本再生产的角度用劳动价值论来分析，肯定了运动员劳动带来的价值，认为其即使在未产生收益的阶段也会产生价值，产生的价值包括有形的和无形的，并且明确区分了投资成本和消费成本，更有利于对运动员价值的衡量。

（2）运动员人力资本价值核算研究

耿锁奎认为，运动员人力资本具有实物期权特征，他运用实物期权定价方法，以及布莱克—舒尔斯（Black-Scholes）期权定价模型和二叉树法期权定价模型对其进行了研究，设定的变量指标包括：①现役生涯中人力资本收益，包括运动员赛事奖金收益与市场开发收益；②支付给运动员和为运动员支出的现值，指后备人才选拔、培训和薪酬支付等方面支出的现值；③期望在职时间，指不同运动项目具有不同的运动生命周期；④无风险利率，可以参照同期的国库券利率；⑤运动员人力资本价值的波动可由历史得出，为变量指标[4]。吴晓阳从宏观角度运用 SNA 测算职业运动员人力资本价值，首先计算出职业运动员在役年限，其

---

[1] 汤起宇，贺光伟. 试论职业运动员人力资源的会计计量 [J]. 体育科学，2005，25（4）：84-87.
[2] 潘建华，李忠，王武年. 我国运动员人力资本内涵、特征及价值分析 [J]. 成都体育学院学报，2012，38（6）：22-25.
[3] 邰峰，张文杰. 职业运动员人力资本价值的衡量 [J]. 体育学刊，2015，22（5）：54-58.
[4] 耿锁奎. 实物期权在运动员人力资本投资中的应用 [J]. 上海体育学院学报，2010，34（1）：54-56.

次计算出在役年限中所赚取的未来收入贴现值，再次减去由体育竞赛表演过程中设施、场馆等消耗的人造资本，最后计算出人力资本存量的价值①。此外，他还从微观角度建立了模型，对不同运动技能的职业运动员的人力资本价值测算进行了探讨，并进行了实证分析。他将人力资本价值分为职业运动员在职业俱乐部的资本存量价值、运动员人力资本经济收益增加值和运动员的市场价值三部分来计算。其中，运动员价值存量部分用工资来衡量。运动员人力资本新增价值部分用"柯布-道格拉斯生产函数"计算，其基本指标包括：①运动员在测量期内创造的某项目的劳动增加值和该项目在竞赛市场中所获取的收益增加值；②在运动员身上消耗的直接成本；③固定资产投入成本；④运动员在测量期内的市场价值；⑤运动员技能水平等级系数。运动员的市场价值部分可以用某项指标来衡量，如以出场费为准，在同水平运动员之间比较，根据个人特点确定具体的市场价值②。邰峰、张文杰从竞技能力、个人形象、社会期望三个维度衡量运动员人力资本价值。竞技能力的核算在有转会运作的项目中体现为运动员的转会费，而在没有转会运作的项目中则以运动员获得的各种收入来衡量。个人形象的价值衡量引用了大卫·布朗指数来计算。对于社会期望通过权力和社会关系资源两个方面来衡量③。

运动员人力资本价值测算的目的是科学地衡量其价值并为运动员收入分配提供公平、合理的依据。而运动员人力资本的计量方法因其计量特性具有复杂性，并且由于运动员收益的不确定性，具有很大的收益风险，其价值衡量较为困难。从资产评估角度，对某时间点的人力资本价值进行计算，提出相应的模拟价格，可以辨识出人力资本在宏观层面的贡献，但其核算方法中需要的国内体育竞赛表演业生产总值、国民体育竞赛表演业生产总值难以获得，又涉及生产总值核算的科学性、准确性问题，故该核算方法在宏观层面具有一定的参考性，但可操作性不强。从微观角度以资本投入为切入点测算职业运动员人力资本贡献率，构建出不同等级运动员的具体核算方法，这种方法可操作性强，数据获取具有客观性和科学性，为估算提供了科学实效的方法。但需要注意的是不同项目的职业俱乐部的投入和收益是不同的。例如，职业足球中，球员的收益、赞助商的巨额投入、

---

①吴晓阳．职业运动员人力资本价值核算研究［J］．体育科学，2003，23（2）：50-57．
②吴晓阳．不同运动技能职业运动员人力资本价值测度模式的探讨［J］．体育科学，2006，26（11）：88-90．
③邰峰，张文杰．职业运动员人力资本价值的衡量［J］．体育学刊，2015，22（5）：54-58．

比赛的门票收益等与其他某些项目差距巨大，同时，足球项目中存在高薪低能、球员天价转会费等问题，运动员人力资本被过分高估，故该核算方法对运动员的投资的科学性有一定的要求。基于实物期权的评价方式具有弹性，在评估时可以照顾到环境的变化，更理性地进行投资，丰富了运动员人力资本价值测算方法，但由于其测算条件理想化，因而该方法偏向于理论化。可以看出，各学者借鉴其他学科的评价方法为评估运动员人力资本价值提供了宝贵的思路，但大多数都是以宏观角度提供核算的指标模型和理论框架，其中微观角度较少，实证研究少之又少。因此，推进该部分的研究可为更科学地衡量人力资本价值的贡献，从而改进投资的科学性、分配收益的公平性，以及构建更加稳定的交易环境提供理论依据。

2.2.4.3 运动员人力资本投资研究

（1）运动员人力资本的形成研究

王武年、杨鹏飞认为，运动员人力资本的形成是投资主体对运动员进行不断投资的过程，是内生因素和外生因素共同作用下的结果，其以运动员的专项竞技能力为核心，外在条件是持续不间断的投资活动。所有参与运动员人力资本投资、管理等的投资者和受益者共同组成了一个特定的系统[1]。武秀波、李艳清认为，现阶段运动员人力资本的形成不仅限于运动员和教练员的传统培养模式，还有医护、科研、后勤保障等相关人员的彼此配合。同时，还强调现代科技的发展对运动员人力资本的形成也发挥着举足轻重的作用，科技已渗透到运动员人力资本数量和质量的一切因素中[2]。邱红武、王武年从宏观角度分析得出，我国竞技体育的市场化、社会化发展为运动员人力资本的形成带来了新的发展契机；要特别关注运动员在运动员人力资本形成过程中付出的艰辛努力，运动员个人的投入应被重视[3]。何世权从微观角度分析得出，运动员人力资本的形成是在运动员身上积累知识和技能的过程[4]。

总结以上具有代表性观点的各学者的研究可以发现，随着我国市场经济的发

---

[1] 王武年，杨鹏飞. 我国运动员人力资本形成与投资研究 [J]. 首都体育学院学报. 2012, 24（5）: 389-397.
[2] 武秀波，李艳清. 我国运动员人力资本形成与收益分配的特殊性 [J]. 沈阳师范大学学报（社会科学版），2006, 30（2）: 134-136.
[3] 邱红武，王武年. 我国专业人力资本投资分析 [J]. 北京体育大学学报，2011, 33（2）: 131-134.
[4] 何世权. 论我国运动员人力资本的形成和特征 [J]. 北京体育大学学报，2004, 27（8）: 1016-1020.

展，竞技体育也不免受到市场经济的影响，从过去传统的教练员、运动员参与的单一培养模式到现在各专业人员通力合作的新培养模式；从计划经济时代培养运动员单一的国家投资模式到现在社会资本涌入及个人家庭投资兴起而呈现的多元化投资局面。在竞技体育不断市场化、商业化的发展下，社会资本作为投资主体的补充将发挥越来越重要的作用，在个人及家庭培养下形成的运动员人力资本模式是否能推广普及是仍需讨论的问题。

(2) 运动员人力资本投资主体研究

第一，运动员人力资本投资主体投资模式研究。从投资目的角度，王武年将我国运动员人力资本投资主体划分为国家、私有企业和个人三大主体[①]。国家投资占主导地位，以国家财政支出为主，投资数额巨大，范围较广，投资风险不高，以社会效益最大化为根本目的。其劣势在于国家投资的投入和产出效率不高；私有企业投资范围小、形式单一，投资具有一定风险，机会成本较高；个人投资主体包括运动员本人和家庭。运动员集投资主客体于一身，在投资主体中处于核心地位，但其投资风险大，机会成本较高。从定量角度，田文学、田学礼分析了社会资本投资竞技体育运动员的影响因素，其中关键因素为项目职业化程度、体育天赋、投资回报率、政府相关法律政策、政府重视程度等[②]。从宏观角度，潘前分析了国家投资运动员的投资模式存在的问题，具体包括体育训练和文化教育在实施和管理上的脱节，运动员的训练、文化教育畸形发展；政府垄断专业运动员的培养，造成培养单位的发展、利益与运动员成绩挂钩的制度催生了偏离竞技体育健康发展的现象[③]。

第二，运动员人力资本投资主体投资要素研究。根据我国运动员培养、投入方式可以将投资要素分为教育投资、训练投资、比赛投资、情感投资。其一，教育投资。一方面，我国运动员人力资本教育投资时间长，但投资质量和效率不高，运动员接受文化教育途径单一；另一方面，运动员文化教育水平不足，学习训练比例失调，造成运动员职业效能感和就业期望值降低。其二，训练投资。训练投资主要包括体能、技能、战术能力、运动智能和心理能力等投资，核心投资

---

①王武年. 我国优秀运动员人力资本贬值问题研究 [J]. 武汉体育学院学报，2014，48 (1)：37-40.
②田文学，田学礼. 社会力量投资竞技运动员的关键影响因素分析 [J]. 广州体育学院报，2013，33 (2)：28-32.
③潘前. 我国优秀运动员培养体制存在的主要问题及改革目标、原则、措施 [J]. 上海体育学院学报，2006，30 (6)：36-40.

要素是提升运动员的专项竞技能力。其三，比赛投资。这种投资是人力资本积累的重要途径，对运动员价值积累和价值提升具有重要作用。市场经济下比赛投资的目的趋向多元化，包括个人价值的实现、投资方经济利益的追求、国家政治需求等。其四，情感投资。这种投资因我国的运动员训练体制、培养方式而具有中国特色，是一种特殊而牢固的投资要素。良好积极的情感投资有助于运动员人力资本的提升，而消极的情感投资阻碍甚至抑制运动员人力资本的形成[1][2]。

（3）运动员人力资本投资风险研究

从投资角度分析，运动员人力资本的投资面临不确定性和不可逆风险，具体体现在知识贬值、退化、过时等，运动员不再运动后成本无法收回[3]。王武年从运动员人力资本价值的角度分析了运动员贬值风险问题[4]。刘健以人力资本理论、人力资本投资风险理论和失业理论为基础，分析了研究运动员人力资本投资风险的理论框架[5]。此外，他还根据运动员职业生涯过程规律分析了运动员处于不同阶段时所存在的风险，从运动员职业选择阶段、成长阶段、再就业阶段三个方面总结出信息不对称风险、委托代理风险、退役保障风险等风险[6]。刘中刚研究了运动员代言风险的问题，从运动员形象、法律、代言公司违约角度分析其中的风险问题[7]。

学者对运动员人力资本投资的研究包括运动员人力资本投资主体、投资模式、投资风险三大类，通过总结可以发现，市场经济带来的各种改革冲击了传统体制下的运动员投资模式，政府主导的竞技运动员培养模式的弊端逐渐显露，这方面的研究较多，其中可以总结出一些学界达成共识的观点：我国专业运动员的投资、培养模式单一，缺乏资金来源，缺少强大社会力量的支持。因此，我国仍需要从宏观上进行培养体制、投资模式、法律政策等的改革，避免投资模式的封

---

[1] 邱红武，王武年．我国专业运动员人力资本投资分析［J］．北京体育大学学报，2011，33（2）：131-134.
[2] 王武年，杨鹏飞．我国运动员人力资本形成与投资研究［J］．首都体育学院学报．2012，24（5）：389-397.
[3] 李红英，岳龙华，艾庆生．运动员人力资本分析［J］．体育文化导刊，2012，23（10）：55-57.
[4] 王武年．我国优秀运动员人力资本贬值问题研究［J］．武汉体育学院学报，2014，48（1）：37-40.
[5] 刘建．运动员人力资本投资风险及其分析的理论框架［J］．沈阳体育学院学报，2008，27（5）：31-33，54.
[6] 刘建．运动员人力资本投资风险的形成与规避研究［M］．北京：人民体育出版社，2016.
[7] 刘中刚．运动员代言风险管理研究［J］．首都体育学院学报，2013，25（2）：4-9.

闭，吸引社会资本的强大力量，逐渐融入市场经济。从研究热点角度看，学者对国家投资模式的研究较多，研究角度全面，观点全面而深入，既有宏观的定性研究，也有微观的定量研究；对私企投资的研究也较多，多集中于对社会资本投资竞技体育运动员所产生的问题的探讨和投资对策的研究，但研究得不够充分，如何在市场经济转轨时期，更好地适应市场需求、引导社会资本合理分配、促进项目平衡发展等问题仍待进一步研究。

2.2.4.4 运动员人力资本激励研究

(1) 运动员人力资本激励现状研究

早在1999年，国家体育总局就联合相关研究人员对参加奥运会和全运会的运动员、教练员、队医、科研人员等进行了大规模的抽样调查。这次研究发现，教练员对奥运会的奖金期望值高于运动员；在运动员团队各成员贡献率方面，运动员和教练员认可自身作为主要贡献者占有75%～77%贡献率，同时，他们觉得应该根据其他成员的贡献率按比例发放奖励（当时并未有对此类成员的奖励政策规定）；运动员和教练员奖励发放和分配方式方面，主要赞成以直接划分给运动员和教练员为主，多数赞成实施一次性发放为主；我国运动员的精神奖励需求非常高且丰富[1]。崔国文、邹月辉通过实证研究发现，我国运动员薪酬机制基本实现了内部公平和激发运动员竞争性的目的，但外部竞争力不足。存在的问题包括经济性薪酬提高、忽视非经济性薪酬；奖罚制度不完善，赏罚措施不够明确；运动员权责不明，个人商业收益受到政策的占有和限制[2]。郭惠平、卢志成认为，当前我国运动员奖励政策的实施具有国家提供的奖励突出奥运战略、地方奖励差异显著、社会积极参与奖励筹备、物质奖励力度不断加大、精神奖励趋向多样化等特征。存在的问题包括奖励资金获取渠道较少，奖励体系结构不完善，存在奖金倒挂现象，即省市政府对运动员的奖励高过国家的奖励，奖励的时效性低，发放的奖励主要为短期性质的，缺乏长期性的奖励，重个人轻集体等[3]。樊晓认为，当前我国运动员薪酬绩效低，制度相对滞后，并由此导致薪金数额涨幅呈现

---

[1] 张忠秋，石磊，朱学雷，等. 对我国高水平运动员实施奖励状况探讨 [J]. 体育科学，1999，19 (3)：1-5.

[2] 崔国文，邹月辉. 我国专业运动员对薪酬现状的认知情况分析 [J]. 成都体育学院报，2013，39 (8)：22-26.

[3] 郭惠平，卢志成. 我国优秀运动员奖励政策的实施研究 [J]. 武汉体育学院学报，2007 (2)：6-11.

非理性态势。其原因既有宏观经济快速增长导致休闲娱乐行业快速发展，也有计划经济遗留下来的体制因素[1]。邰峰等人认为，我国专业运动员薪酬低于其人力资本价值，分析了主管部门权责不清、对运动员收益的限制与侵占、精神薪酬的缺失等问题，并且我国运动员激励机制属于高弹性薪酬模式，基本薪酬的占比较为不足[2]。杨树叶、邹月辉从薪酬公平性角度，做了实证研究，发现专业运动员内部薪酬差距较合理，但运动员的薪酬满意度不高，运动员的薪酬的外部竞争力不足、薪酬产生程序机制模糊、薪酬信息传播机制不畅是主要问题[3]。杨年松比较国内外的职业运动员人力资本激励制度后发现，我国职业运动员奖励水平总体上较低，呈现以下特征：地区差异明显，随意性大，不稳定，一次性奖励较多，国家占主导，来自社会的奖励少[4]。王玉英通过实证调查，从人力资本和劳动经济学视角将我国运动员分为专业运动员、职业运动员和半职业半专业运动员三类，发现不同类别运动员之间薪酬待遇存在严重的失衡现象，薪酬待遇的巨大差距和不公平表现已经对我国体育事业和职业体育市场的健康发展造成了一定阻碍[5]。

（2）运动员人力资本激励策略研究

激励原则理念方面，郭惠平、卢志成认为应坚持以人为本的奖励理念[6]；杨年松认为应当坚持集体激励原则，对于有功人员按贡献给予奖励[7]；杨树叶、邹月辉认为应当注意树立运动员统一的薪酬公平观念，树立客观、科学的薪酬差距观[8]。激励制度和激励方式方面：第一，物质激励方面，郭惠平、卢志成认为应适当加大政府的物质奖励，同时，加强奖励制度建设，建立优秀运动员基金，采

---

[1] 樊晓．我国职业运动员薪酬问题探析［J］．体育文化导刊，2015（4）：140-143.
[2] 邰峰，崔国文，何艳华．我国专业运动员薪酬制度演进及改制路径［J］．成都体育学院学报，2014，40（6）：22-26.
[3] 杨树叶，邹月辉．我国专业运动员薪酬公平性问题研究［J］．南京体育学院学报（社会科学版），2016，30（3）：120-124，128.
[4] 杨年松．职业运动员人力资本特性及其激励制度比较研究［J］．武汉体育学院学报，2008，42（5）：47-50.
[5] 王玉英．我国运动员薪酬影响因素的多因素方差分析［J］．南京体育学院学报（社会科学版），2016，30（3）：112-119.
[6] 郭惠平，卢志成．我国优秀运动员奖励政策的实施研究［J］．武汉体育学报，2007（2）：6-11.
[7] 杨年松．职业运动员人力资本特性及其激励制度比较研究［J］．武汉体育学院学报，2008，42（5）：47-50.
[8] 杨树叶，邹月辉．我国专业运动员薪酬公平性问题研究［J］．南京体育学院学报（社会科学版），2016，30（3）：120-124，128.

取灵活多样的奖励方式,将奖励政策纳入社会保障体系[1];樊晓认为应当通过人才流动输出流动加强激励制度的建设[2];邰峰等人认为应当引进现代企业管理制度,厘清管理部门和运动员之间的权责关系,保护运动员的权益,加强薪酬调查,科学、客观衡量运动员价值,提高基础工资在薪酬激励模式中所占比重[3];杨树叶、邹月辉认为应当建立基于绩效的薪酬体系,做好外部薪酬调查,建立运动员参与制度、申诉制度和监督机制,以此提高运动员薪酬的公平性[4]。第二,激励方面,张忠秋认为以每月进行物质奖励发放的方式产生的效应有利于运动员体会到精神荣誉[5];邰峰等人认为,应当提高运动员的精神薪酬,通过加强文化教育、退役保障和加强职业规划的方式提高精神薪酬[6];张彬彬、梁建平认为可以通过提高运动员的运动成绩带来的正面心理反应的方式提高其对精神奖励的感知,对于运动员在比赛中获得的优异成绩应当进行公开的表彰,通过人性化的训练管理增强运动员和谐的人际关系,对运动员进行思想政治和文化素质培养,提高运动员对体育事业的热情[7];杨年松认为在原有精神激励的基础上,创新设计精神奖励形式,如事业激励、声誉激励、升迁激励等,满足个体的高层次精神需求[8]。

从数量上看,关于运动员激励制度的研究较为丰富,主要集中于以下方面:激励制度现状的分析,激励制度的合理性探讨和改进措施研究,运动员对激励的满意度和公平性的研究,运动员对激励认知方面的研究,各专项、职业运动员的激励结构、标准的研究。总结各学者的观点可以发现,我国的激励制度并不完善,偏重物质激励,精神激励较少。此外,我国运动员物质激励机制不完善,激励结构不合理,激励力度不够,与其他行业差距大。精神激励方面,相较于物质激励严重不足,不仅精神激励力度不够,激励方式也单一。所以,关于我国运动员激励方面的研究,有待在合理的激励制度安排、合理的激励结构设计、物质激

---

[1] 郭惠平,卢志成. 我国优秀运动员奖励政策的实施研究 [J]. 武汉体育学院学报,2007 (2):6-11.
[2] 樊晓. 我国职业运动员薪酬问题探析 [J]. 体育文化导刊,2015 (4):140-143.
[3] 邰峰,崔国文,何艳华. 我国专业运动员薪酬制度演进及改制路径 [J]. 成都体育学院学报,2014,40 (6):22-26.
[4] 杨树叶,邹月辉. 我国专业运动员薪酬公平性问题研究 [J]. 南京体育学院学报(社会科学版),2016,30 (3):120-124,128.
[5] 张忠秋,石磊,朱学雷,等. 对我国高水平运动员实施奖励状况探讨 [J]. 体育科学,1999,19 (3):1-5.
[6] 邰峰,崔国文,何艳华. 我国专业运动员薪酬制度演进及改制路径 [J]. 成都体育学院学报,2014,40 (6):22-26.
[7] 张彬彬,梁建平. 我国优秀运动员长效激励机制的建立 [J]. 体育学刊,2009,16 (12):36-39.
[8] 杨年松. 职业运动员人力资本特性及其激励制度比较研究 [J]. 武汉体育学院学报,2008,42 (5):47-50.

励和精神激励的平衡、精神激励的丰富方面开展进一步的研究。

2.2.5 运动员人力资本产权研究

在市场经济条件下，运动员人力资本产权蕴含了丰富的价值。当前，我国学者对运动员人力资本产权问题进行了相关的研究，取得了一定的成果。研究内容主要包括以下三个方面。

2.2.5.1 运动员人力资本产权概念研究

目前，我国运动员人力资本产权问题层出不穷，要想改变这一现状，首先要明确运动员人力资本产权的概念，对此国内的学者进行了深入研究。张贵敏将运动员成绩产权定义为：以运动成绩所有权为基础，反映与其有关的不同利益主体对运动成绩占有、收益和处置的排他性权利[1]。孙娟、翟丽娟将运动员人力资本产权定义为其拥有的竞技水平，以及运动技术、技能、体能、智慧、知名度、声誉、名望、对公众的亲和力、影响力等一切具有经济价值的体育资源的总称[2]。王勇认为，人力资本产权的含义是人力资本产权主体在社会经济活动中可以有保障地维持和实现一定经济利益或经济关系的权利[3][4]。邹月辉认为，运动员人力资本产权是由运动员人力资本所有权、使用权、处置权和收益权等权能组成的一组权利束[4]。综上所述，本书认为运动员人力资本产权是在市场交易过程中运动员人力资本所有权及其派生的使用权、处置权和收益权等一系列权利的总称，是制约人们行使这些权利的规则。

2.2.5.2 运动员人力资本产权界定研究

众多学者对运动员人力资本产权的界定与归属进行了研究，并主要围绕以下四个方面展开了一系列的讨论。

（1）产权分类

刘显提出，人力资本使用权是指人力资本产权主体在权利允许的范围内以各

---

[1] 张贵敏. 我国运动员成绩的产权界定 [J]. 体育科学, 2000 (3): 10-12.
[2] 孙娟, 翟丽娟. 我国运动员人力资本产权的性质分析 [J]. 体育学刊, 2009, 16 (4): 20-22.
[3] 王勇. 人力资本产权实现的路径模式与制度安排 [M]. 北京: 中国财政经济出版社, 2012.
[4] 邹月辉. 角色 产权 薪酬-新常态下竞技体育发展主要问题研究 [M]. 北京: 人民体育出版社, 2016.

种方式开发、利用、管理并取得收益的权利,是人力资产权的法律体现。这是人力资本产权中的最重要权能,人力资本的价值和增值完全是通过人力资本使用权实现的。他将其分为三类:投资型使用权、合约型使用权、混合型使用权①。邰峰、何艳华运用服务产品理论分析得出,一方面我国竞技体育服务产品具有公共产品的特性与特征,其性质为共有产权或国有产权;另一方面我国竞技体育服务产品生产具有私人产品特性与特征,运动员理应享有平等交易、自由买卖、收益独享等权益,由此运动员产权也具有这两种属性②。

(2) 产权分离

林晞认为,对运动员人力资本产权的划分并不是将所谓的所有权、使用权、处置权、收益权等权能分离,分离的是产权整体,某一部分产权的各项权能是不可分割的③。邰峰、池建认为,运动员产权存在两种属性,即私人产权和共有产权(国有产权),这两种属性既彼此独立,又在某种程度上相互交叉与重叠。也正由于产品产权属性的重叠,产品生产的主体出现了多元化发展趋势,这也使利益冲突与矛盾凸显④。

(3) 投资与分配

一种观点是遵循"谁投资,谁受益"的原则,在举国体制的大背景下,国家投入大量的资金对运动员进行培养,因此,运动员的人力资本产权应该受国家支配;另一种观点与前者截然相反,认为无论谁对运动员进行了人力资本投资,产权只能归属于运动员个人,运动员对其人力资本享有天然的所有权。李华等人认为,职业运动员人力资本与其载体有不可分离性,即人力资本只能依附于人身上,不能离开活生生的人而独立存在⑤。范存生在对奥运冠军产权进行界定时也表明,奥运冠军与其载体天然不可分离,是一种个人私产,其所有权只能不可分

---

① 刘显. 体育人力资本产权界定与分割研究 [J]. 广州体育学院学报, 2007 (1): 72-74.
② 邰峰,何艳华. 借助产权理论研究我国运动员产权的界定问题 [J]. 首都体育学报, 2013, 25 (6): 489-493.
③ 林晞. 我国运动员人力资本产权归属解构 [J]. 首都体育学院学报, 2011, 23 (1): 27-29, 55.
④ 邰峰,池建. 转型时期我国竞技运动员人力资本产权界定与权能分割的研究 [J]. 北京体育大学学报, 2016, 39 (4): 1-6.
⑤ 李华,巫文辉,杨年松. 对 CBA 后备人才来源及其人力资本所有权的研究 [J]. 山东体育学院学报, 2008 (4): 14-16.

割地属于其载体,这决定了奥运冠军是其合法的产权主体[1]。刘建、沈文宇指出,人力资本只能凝结在人体内,依附在人身上,人力资本不能脱离其载体而独立存在,这是人力资本最本质的特征[2]。运动员对其人力资本的天然占有、运动员人力资本实际使用者的唯一性、资产专用等特征决定了运动员的分配力永远最强。

(4) 产权界定

其一,单一角度界定。杨茜、邓春林认为,产权的界定只能源于法律,他们在研究运动员人力资本产权的界定时借鉴了贷款购房的产权分配,运用债权相关理论,论述了明确运动员拥有人力资本所有权、投资者拥有债权,是实现人力资本产权界定的基础[3]。李宗辉从法律角度研究职业运动员转会问题,认为运动员与俱乐部签署劳动合同的性质可以分为两种:一是雇佣合同,二是劳动合同[4]。李娟、孔庆波认为,运动员的所有权侧重于经济学概念,属于静态行为;而产权更侧重于法学范畴,属于动态过程。运动员产权的界定应依据法律判断归属问题[5]。其二,多个角度界定。李海认为,对运动员人力资本的界定应采用法规界定和谈判界定两种方式[6]。赵炎、徐婷婷认为,人力资本产权界定主要包括三种方式,即法规界定、协商界定、社会制度与体制界定[7]。

2.2.5.3 运动员人力资本产权流动研究

在计划经济体制下,人的社会流动被限制,运动员的流动更是受到多种因素的限制。随着市场化进程和社会流动的加快,运动员的流动范围不断增大,流动速度不断加快。在社会转型期,由于体育体制改革落后于经济政治制度改革,竞技体育发展出现了地区性不平衡,并且运动员的流动与交易遇到了很多困境。

早在1993年,李皿等人就在研究中提出:进行竞技体育人才交流,有利于

---

[1] 范存生. 基于"双产权"视角的奥运冠军产权边界与机制研究 [J]. 武汉体育学院学报, 2007 (3): 31-33, 37.
[2] 刘建, 沈文宇. 我国运动员人力资本及其属性 [J]. 沈阳体育学院学报, 2008 (1): 24-28.
[3] 杨茜, 邓春林. 运动员人力资本的产权界定 [J]. 天津体育学院学报, 2008 (5): 379-382.
[4] 李宗辉. 职业运动员转会中的法律问题探析 [J]. 天津体育学院学报, 2015, 30 (4): 339-344.
[5] 李娟, 孔庆波. 基于产权理论对运动员产权界定的分析 [J]. 沈阳体育学院学报, 2009, 28 (6): 36-39.
[6] 李海. 我国运动员转会经纪中的产权问题分析 [J]. 成都体育学院学报, 2006 (2): 11-14.
[7] 赵炎, 徐婷婷. 从产权问题谈我国运动员培养模式 [J]. 体育科研, 2011, 32 (3): 63-66.

落后地区极早"脱贫",并与优势地区形成抗衡,共同促进我国竞技体育的发展①。林锋等人指出,运动员人力资本产权的流通是否顺利,直接影响运动员人力资本的运营效率,即影响运动员是否能在竞赛中充分发挥其最佳竞技水平,使比赛更具吸引力,从而带动整个市场的繁荣②。

康鹏扬等人在对游泳运动员的流动进行分析时,将运动员的流动分为了四类:水平流动、垂直流动、国际流动、职业转变③。黄平波、王郓指出,运动员的流动可分为区域性流动、全国性流动、俱乐部间流动、国际流动四类④。黄海燕、陈宣东认为,体育产权交易的方式包括政府直接干预、以经纪公司牵头分散交易、国家体育总局和地方体育局管理的部分体育赛事项目的招投标及个别项目拍卖⑤。白光斌等人在对全运会运动员产权进行研究时指出,运动员注册管理办法的出台和运动员交流的日益频繁,当运动员代表资格和运动员训练单位或者管理单位不是同一个单位时,伴随代表资格权和管理权分离而出现的矛盾就会开始显现⑥。李明达等人认为,运动员人力资本供给稀缺是产权流动的重要原因,运动员人力资本产权归属、用人单位制度(如转会制度)、运动员人力资本转移和流动所花费的成本(即交易成本,大部分为转会费)等都是人力资本流动的阻力⑦。

2.2.6 运动员人力资本产权交易研究

2.2.6.1 运动员人力资本产权交易的特点

黄晓春、黄晓华认为,运动员人力资本经营的产权交易特点有:不完整性,

---

①李皿,孙保成,吕民政.从竞技体育人才交流角度探讨我国竞技体育改革[J].北京体育学院学报,1993(3):17-21.

②林锋,吕秋壮,宋君毅.论高水平竞技体育运动员人力资本产权流动[J].山东体育学院学报,2010,26(5):15-18.

③康鹏扬,康冬,杨小帆.我国优秀游泳运动员流动性理论分析[J].北京体育大学学报,2012,35(9):140-144.

④黄平波,王郓.构建我国竞技体育人才合理流动策略的研究[J].体育科技文献通报,2008(6):109-110,120.

⑤黄海燕,陈宣东.利用产权交易所实现体育产权的集中交易[J].西安体育学院学报,2006(4):11-14.

⑥白光斌,张超,高鹏飞.对全运会运动员资格归属问题的相关研究[J].体育与科学,2011,32(6):89-92.

⑦李明达,宋君毅,王春阳.我国竞技体育运动员人力资本产权流动探析[J].山东体育学院学报,2010,26(10):22-25.

完整所有权的交易是不存在的，只能进行部分交易；不确定性，这种交易是有风险的；变动性，交易处于不断变动之中①。俞继英等人提出，我国竞技体育人才流动的特点包括由经济不发达地区流向经济发达地区、由优势项目地区流向非优势项目地区、人才流动大多为短期而非永久性、从区域性拓展向全国性、流动过程体现出计划和市场的双重调节②。张鲲认为，流动方向呈双向性，周期缩短、范围加大，流动过程朝着计划和市场双重调节的趋势发展③。

2.2.6.2 运动员人力资本产权交易制度研究

随着人力资本产权及其交易研究的深入，部分学者开始关注体育产权交易领域。仅有少量文献就体育产权交易方式、赛事交易特征和交易费用、构建产权交易平台进行了初步探讨。人力资本产权交易方面的文献寥寥无几。许延威从交易制度的角度进行了分析，认为专业运动员进入人力资本产权市场的交易分为两个层次：一是运动员由二线队伍进入一线队伍的人力资本产权的初次交易；二是运动员进入一线队伍之后的流动，即第二次交易或多次交易④。在此基础上，提出了相应的制度设计。

2.3 研究述评

通过以上国内外研究综述可以发现，无论是人力资本产权及其交易方面，还是交易秩序方面，国外的研究都较早，也较全面、深入。国内的研究起步较晚，尽管学者围绕产权交易进行了大量的研究工作，为我国有序推进产权交易市场建设打下了坚实的基础；但是大多数研究只是理论探讨，实践性不强，体育领域中关于产权交易的研究刚刚起步。从目前体育领域的相关研究来看，国外更倾向于关注用市场和法律手段处理运动员投资与收益问题，符合西方发达国家市场的特点。随着人力资本产权及其交易研究的深入，我国学者开始关注体育产权交易领域，并就体育产权交易方式、赛事交易特征和交易费用、构建产权交易平台进行了初步探讨，相关研究从认识、承认逐步向重视、多角度的研究阶段发展。我国

---

①黄晓春，黄晓华. 论体育人力资本的经营及其特点等问题 [J]. 上海体育学院学报，2002 (3)：25-27.
②俞继英，宋全征，杨再淮，等. 我国竞技体育人才流动和人才市场 [J]. 体育科学，2004 (1)：1-5, 12.
③张鲲. 亚当·斯密的市场道德秩序论 [J]. 湖北经济学院学报，2014, 12 (1)：101-105.
④许延威. 我国专业运动员人力资本产权交易制度研究 [J]. 北京体育大学学报，2014, 37 (12)：27-33.

对运动员人力资本产权的研究整体上仍处于始动阶段，且目前相关研究仍比较零散，缺乏系统性，一些理论观点尚未达成共识。现有研究主要集中在概念界定、性质分析、归属解构、制度安排等方面。运动员人力资本流动与交易的相关研究较少，主要是从法律角度对运动员的人力资本产权交易进行研究，鲜有从产权交易视角对运动员人力资本的转会、经营、激励进行研究，尚未发现对交易的核心机制——交易秩序的研究。随着我国竞技体育体制改革的深入及体育产业的大力推进，体育产权交易研究将成为新的热点。深入系统地研究我国竞技体育举国体制背景下运动员人力资本产权的特殊问题，以及转型期运动员人力资本产权交易及其秩序问题尤为重要，而且迫在眉睫。

2.4 核心概念界定

2.4.1 运动员

近年来，随着经济的发展和管理体制的改革，运动员培养模式出现多元化，从过去单一的举国体制向"双轨制"转型，运动员培养不再单纯依赖国家资金支持，而更多依靠市场、俱乐部、企业等投资主体的支持及个人家庭的资金投入。从计划经济体制向市场经济体制过渡的过程中，运动员根据投资主体差异性和体制的不同，可大致划分为专业运动员、职业运动员和半职业半专业运动员三种类型。

2.4.1.1 专业运动员

专业运动员是指在我国计划经济体制下，由国家或地方政府设立的专业体育工作队培养的肩负着在国际竞赛中为国家争得荣誉，并以技术上的成就推动和影响群众体育开展双重任务的运动员，是举国体制下特有的运动员类型，其投资主体是国家。

2.4.1.2 职业运动员

职业运动员是相对业余运动员而言的，它指专门从事体育竞赛训练与表演，从中获取报酬，并以此作为生活来源的人。职业运动员是随着竞技体育国际化、职业化进程的推进，以及社会企业、俱乐部等多元投资主体的出现，顺应市场经济体制改革而出现的。运动员通过脱离原有专业队编制，转变成为可以在俱乐部之间自由流转的"特殊商品",其主要以企业为投资主体。

2.4.1.3 半职业半专业运动员

半职业半专业运动员是同时具有职业运动员和专业运动员特征的运动员。

2.4.2 运动员人力资本

运动员人力资本指存在于运动员身上,由特定行为主体对其进行投资而形成的凝聚在运动员身上并能带来未来收益的技能、知识、体力、声誉等因素的经济价值存量。简言之,运动员人力资本就是通过对人的体育天赋进行投资培训而形成的专项体育技能,属于技能型人力资本范畴。同时,这种技能能带来收入,使投资者得到一定的回报。因此,可以将运动员的体育技能称为"资本",其是凝结在运动员身上具有经济价值的生产能力,本质是运动员从事体育生产活动的劳动能力,由运动员劳动力转化而来,直接表现为运动员在比赛中的竞技能力。

2.4.3 运动员人力资本产权

运动员人力资本产权是围绕运动员人力资本的使用,在相关利益主体间所产生的社会经济关系。相关利益主体主要是指运动员本人及运动员以外的多元投资方。运动员人力资本产权本质上是指运动员人力资本所有权及其派生的使用权、经营权、处置权、发展权和收益权等一系列权利。所有权是人力资本中最根本的权利,是人力资本产权的基础。使用权、经营权、处置权等,都是由所有权派生而成的。它们有机地统一在一起,共同构成了运动员人力资本产权的完整概念。

2.4.4 运动员人力资本产权交易

运动员人力资本产权交易是市场经济的产物,是指一定的运动员人力资本产权投资主体对产权客体的买卖活动。运动员人力资本产权交易主要包括运动员流动和运动员商业价值的开发。

2.4.5 交易秩序

在经济学领域,所谓交易秩序,是指交易主体在经济社会交往过程中所形成的一种相对和谐、稳定的关系状态。一般而言,交易秩序主要通过交易主体的交易过程、行为方式、行动逻辑、价值取向和行为规则来呈现。本研究探讨的是社会经济学视野中的交易秩序，将交易秩序界定为有利于社会利益的权利交换状态，具体指导致个别利益和社会利益相协调的权利交换状态。微观层次上的交易活动之间的协调是个别交易秩序；宏观层次上的交易者和外部受影响者之间的协调是社会交易秩序。

3 运动员人力资本产权交易秩序的理论机理

人力资本理论、产权理论、交易理论、行动结构理论共同构成了运动员人力资本产权交易秩序的理论基础。其中，人力资本理论强调了运动员人力资本的价值与特殊性；产权理论界定了运动员人力资本产权的归属关系；交易理论交代了运动员人力资本产权的市场交易内容、方式等；行动结构理论提供了运动员人力资本产权交易秩序构建的方式和结构。

3.1 人力资本理论

3.1.1 人力资本理论概述

人力资本思想最早可追溯到英国古典经济学家威廉·配第（William Petty）的代表作《政治算术》。他提出了"土地是财富之父，劳动是财富之母"[1] 的经典论述，肯定了人力的经济价值。西方古典经济学的创始人亚当·斯密指出："学习须受教育，虽然学习的时候需要一定的开销，但这种消费却能够换来回报与利润。"[2] 此后，法国经济学家萨伊（Say）对人力资本的资本特性有大量论述。他指出，医生、律师等职业所接受的教育"都意味着支付一笔过去累积的资本……"[3]。由此可以看出，萨伊已经把人的受教育费用理解为资本投资，并且他还认为这种资本是由投资产生的。大卫·李嘉图（David Ricardo）学派的代表人物英国经济学家麦克库洛赫（McCulloch）关于人力资本的资本特性的相关论述与萨伊的人力资本思想相近。他指出，人与资本实际上没有区别，因为"资本

---

[1] 威廉·配第. 政治算术 [M]. 陈冬野, 译. 北京：商务印书馆, 1978.
[2] 亚当·斯密. 国民财富的性质和原因的研究 [M]. 郭大力, 王亚南, 译. 北京：商务印书馆, 1974.
[3] 萨伊. 政治经济学概论 [M]. 陈福生, 译. 北京：商务印书馆, 1963.

只是过去劳动产物的积累"①。德国经济学家李斯特（List）区分了物质资本和精神资本的概念，确认了人力资本的异质性存在。瓦尔拉斯分析了人力资本的价值与价格决定问题，指出单纯从交换价值的观点出发将人力视为资本是可行的②。英国著名的新古典经济学家马歇尔（Marshall）指出，"一切资本中最有价值的就是投资在人本身上的资本"③。

1935年，美国经济学家沃尔什在《人力资本观》一文中正式提出人力资本这一概念。20世纪60年代，舒尔茨在美国经济学年会上对人力资本理论的阐述，成为现代人力资本理论诞生的标志。舒尔茨把人力资本定义为凝聚在劳动者身上的知识、技能及其表现出的能力④。丹尼森通过研究，对舒尔茨关于教育的贡献率的看法进行了修正，他指出，除教育因素外，天赋、才能、工作经验等其他因素也都对经济增长有所贡献。贝克尔从微观的角度研究了正规教育的成本、人力资本的形成和收益问题。他认为，人力资本是体现于人身上的知识、技能、体力（健康）的总和，人力资本的收益取决于个人的技能或获利能力⑤。此外，威廉姆森（Oliver Williamson）、明塞尔（Jacob Mincer）、卢卡斯（Robert Lucas）等对人力资本理论的发展和应用作出了杰出贡献。威廉姆森在贝克尔的基础上，提出了资产专用性的概念，并据此对人力资本进行了区分。卢卡斯于1988年发表了其著名论文《论经济发展的机制》，把人力资本作为独立因素纳入两个经济模型，即"两时期模型"和"两商品模型"。前者将资本划分为物质资本和人力资本，后者研究人力资本的外在效应问题。

当代一些著名经济学家对企业环境中的人力资本运行实践进行了深入且富有新意的研究。美国经济学家奈特（Knight）在他的《风险、不确定性与利润》（1921年）一书中从不确定性和风险出发，指出利润是对冒险的补偿，从而得出资本家索取剩余的天然合理性这一结论。奥尔森（Olson）、阿尔钦（Alchian）和德姆塞茨（Demsetz）对人力资本在非对称条件下的激励问题进行了深入的研究，丰富和延伸了人力资本理论内容。

---

① 麦克库洛赫. 政治经济学原理 [M]. 郭家麟, 译. 北京：商务印书馆, 1997.
② 李斯特. 政治经济学的国民体系 [M]. 陈万煦, 译. 北京：商务印书馆, 1961.
③ 马歇尔. 经济学原理 [M]. 陈良璧, 译. 北京：商务印书馆, 1965.
④ 舒尔茨. 人力资本投资——教育和研究的作用 [M]. 蒋斌, 张蘅, 译. 北京：商务印书馆, 1990.
⑤ 贝克尔. 人力资本 [M]. 梁小民, 译. 北京：北京大学出版社, 1987.

3.1.2 运动员人力资本的属性、内涵与特征

基于前人研究观点，运动员人力资本具有以下三点属性：①人力资本的载体依附性，运动员的资本存量的形成和作用发挥都以运动员为载体，与之密不可分；②人力资本存量的经济价值，各学者认为运动员资本存量具有一定的收益性，而大部分学者着重强调其经济价值，并未提及资本存量所具有的无形价值；③人力资本形成的投资性，运动员人力资本皆由投资主体的投资凝结而成，并且投资具有很强的获取收益的目的性。

运动员人力资本是指特定的投资者（国家、俱乐部、个人等）对运动员进行投资而形成的存在于运动员身上的并且能够在未来某个时期获得一定收益的知识、技艺、素质、名望等要素的经济价值存量。对于长期训练的运动员来说，他们在日积月累中形成的技术、技巧也可以被通称为"资本"。另外，这种卓越的技术、技巧在某种程度上来说，还是一种日积月累的资本存量，以上所有都可能作为运动员目前甚至未来投资、收入增长的一项来源。基于以上认识，运动员人力资本有四层内涵：①知识、技艺、素质、名望等可以让运动员价值提升的一切因素皆是由产出—投资获得；②运动员是知识、技战术、素质、名望等价值存量的承载者；③知识、技战术、素质、名望等价值存量属于运动员自己的资源，是其自身通过不懈努力取得的成果；④在运动员身上的所有投资都有一定的期限，并且这些投资都会获得一定的收益。

运动员人力资本的特征包括以下五点：①内在依附性。运动员人力资本无法与其载体割离而独立存在，这体现了人力资本最本质的特性。②存续时间短。职业体育运动员创造价值的黄金时期受严格的约束，一方面是竞技体育制度对在役年龄的限定；另一方面是根据运动员自身的生命周期规律，其在人体特定时期才能发挥最佳水平。③专用性。运动员人力资本属于高级专用性人力资本，在体育领域以外很难再发生作用，具有极强的专用性。④可变性与积累性。人力资本价值量具有不稳定性，永远处于变化中。运动员成才之路就是对其不断投资形成以竞技能力为核心的价值存量的积累。合理投资可以使人力资本升值带来经济效益，但由于风险的存在，个体努力程度、伤病、竞技能力不确定性等都会造成运动员人力资本的贬值。所以，运动员人力资本处于永远的变动之中。⑤结构稀缺性。竞技体育的残酷性和低成材率使高水平运动员供不应求，高品级的运动员人力资本极度稀有且获取困难。

3.2 产权理论

3.2.1 产权理论概述

20世纪30年代，西方经济学领域提出了产权理论。罗纳德·H.科斯（Ronald H. Coase）1959年发表的《联邦通讯委员会》和1960年发表的《社会成本问题》被认为是现代西方产权理论的开山之作。科斯在《社会成本问题的注释》一文中提出："权利的界定是市场交易的基本前提……阐明这一结果取决于零交易费用的假设。"该表述的含义是权利的界定既是市场交易的基本前提，也对资源使用效率有重大影响。1960年，斯蒂格勒（Stiegler）最早在其《价格理论》中将科斯在《社会成本问题》一文中体现的思想概括为定理，并提出："……在完全竞争条件下，私人成本与社会成本相等。"[1]产权理论家奥利弗·E.威廉姆森（Oliver E. Williamson）被誉为重新发现"科斯定理"的人，他将商业合伙之间的交易研究推到了经济学领域的前沿。西奥多·W.舒尔茨（Theodore W. Schultz）认为，"科斯定理"强调的是一个自由竞争的条件问题，据此，他将"科斯定理"定义为：只要交易是在完全竞争的市场中发生的，那么初始的合法的配置与资源配置的有效性无关[2]。约拉姆·巴泽尔（Joram Bazel）强调了"产权的界定是一个不断从公共领域里攫取资源的过程，产权的界定是动态的均衡"。这种如此强调均衡概念的思想标志着新制度经济学从"交易费用"转向了"博弈均衡"[3]，把产权分析从静态的变成了历史的演进的分析。阿尔钦（Alchian）写了一系列关于产权理论的论著，如在《产权经济学》（1961）、《产权范式》（1973）、《交换和生产》（1983）、《产权》（1987）等论著中均论述了产权规则及其对人的行为的影响，他认为：产权就是对资源的排他性占有和使用的权利。1972年，阿尔钦和德姆塞茨提出团队理论，强调需要对监督者进行监督和为监督者提供激励的剩余索取权安排的重要性，开拓了所有权的激励监督分析范式。道格拉斯·C.诺斯（Douglass C. North）和托马斯（Thomas）认为，劳动力的个人产权是私有产权的最早形式，而国家只是为界定、维护和行使私有产权而存在

---
[1]斯蒂格勒.价格理论［M］.李青原，等译.北京：商务印书馆，1992.
[2]西奥多·威廉·舒尔茨.论人力资本投资［M］.吴珠华，等译.北京：北京经济学院出版社，1990.
[3]约拉姆·巴泽尔.国家理论［M］.钱勇，曾咏梅，译.上海：上海财经大学出版社，2006.

的凌驾于社会成员个人之上的界定权利的机构。伊夫·西蒙和亨利·迪蒙赛尔（Henry Dimoncel）阐述了产权起源的经济根源，其核心论点仍然是经过界定的私有产权在市场交换中可以优化资源配置和提高经济效率。与诺斯不同的是，西蒙和迪蒙赛尔在公有制的基础上论述产权的起源，使用了"公有"的概念，但同时又把公有制基础上的私有产权的起源说成是产权的起源。哈罗德·德姆塞茨（Harold Demsetz）比诺斯和托马斯、西蒙和迪蒙塞尔前进了一步。德姆塞茨认为，应该把产权的起源理解为一种"新的产权"的产生，即在旧的产权安排下产生新的产权的过程。

3.2.2 运动员人力资本产权的基本属性

运动员人力资本产权作为一般意义上人力资本产权的子概念，同样具有自身的独特性。运动员是竞技体育服务产品的核心生产要素，他们专门从事体育运动竞赛表演，并以从中获取经济报酬为目的。此外，竞技体育存在于通过市场进行交换竞技体育服务产品的要素市场和运动员人力资本劳动力要素市场中，市场化是竞技体育的核心。随着中国体育事业的蓬勃发展诞生了一批"国有"体育明星，他们已经不只是一个运动员、一个简单的个体，而是成了一个有产权所属关系的经济体。但是这些丰厚收入中，是不是全部收入都应该归运动员个人所有，国家和相关体育组织是否有分享收益的权利，是本研究需要明确答案的问题。运动员人力资本产权具有三大本质属性。①排他性。运动员人力资本基于运动员的生理或心理能力产生，决定了运动员人力资本的所有权属于人力资本本体——运动员。马克思认为，劳动者让渡自己的劳动力时不放弃所有权[1]，意味着运动员人力资本产权对其自身具有强烈的依附性，也就是运动员人力资本产权具有排他性。②合作性。改革开放以来，我国社会主义市场经济体制改革和竞技体育职业化深化发展，体育赛事产业化、组织化水平越来越高，竞技体育的社会协作体系日趋成熟，运动员人力资本的形成、实现、转移等过程均与其他社会主体存在密切联系，因此，运动员人力资本载体只有将其人力资本加入竞技体育赛事的社会化协作体系中，与非人力资本要素或其他人力资本发生互惠合作，才能实现运动员人力资本的最大价值。③可交易性。可交易性是由排他性和合作性共同决定的。一方面，排他性使运动员人力资本的形成、使用等过程必须通过发挥载体的

---

[1] 马克思. 资本论（第二卷）[M]. 北京：人民出版社，1975.

主观能动作用来实现；另一方面，运动员人力资本方与人力资本载体的合作中存在行为偏好和价值动机，双方以此分享利润来体现运动员人力资本的收益权这一核心内容，交易范畴中的两者是平等的产权主体和利益主体，通过"交互影响的行动"对双方的权利和义务进行划分，即除了所有权，将运动员人力资本产权中的其他权能通过交易转移给人力资本的投资者或使用者，保证双方形成均衡的权利义务关系。

3.3 交易理论

交易理论根植于古典经济学，除了理念的革新，它还重新界定了经济分析的前期基础——人的行为特征。按照威廉姆森的解释，契约人则为其理论的基本假设——当人们进行交易活动时，契约人则有可能借用契约关系来达成目的。一般认为，契约人要想达成交易，必定涵盖有限理性与机会主义行为。进一步来讲，有限理性指代两层含义：其一，信息不完整性；其二，整合与传递信息时能力的有限。所以，因为上述两点的原因，契约人的理性存在局限性。我们身处的外部环境是极其复杂的，具有不可知与不可控性，这种不可控因素可与智力联结生成一种极其有限的稀罕资源。当外部环境与智力的不确定性上升至一定层次，抑或是两者交织的程度过于复杂，就会滋生有限理性。当人出现有限理性后，产生不确定行为的概率就会大幅增加。在日常交易协作中，造成外部环境与智力的不确定性的影响程度参差有别，这也成为交易过程中契约的考虑与调解方法的确定得以实现的契机。机会主义指的是人们追求收入内在化与成本外部化的行为。机会主义在现实生活中展现为在交易过程中人们会成心表露非完整、有误的信息，更特指一些存心诱导对方进行错误选择的行为。由此可见，它根本上就是一种损人利己的自私行径，当外部环境满足此自私自利行为实现条件时，这种机会主义倾向就即刻化为现实行动。同理可知：当交易双方的契约关系仅由双方的承诺维持时，那么交易的风险则急剧上升。换言之，机会主义的存在大幅加剧了交易的复杂性，这也直接使市场运转的高效工作打了折扣。那么，机会主义的诞生也预示着交易成本的展现。与此相对应的是运动员人力资本投资具有风险性、极强的专用性和较高的机会成本等特点，这时，从经济视角的人力资本投资与需求收益方面来看，运动员人力资本必须与交易相联系。

3.4 行动结构理论

20世纪80年代，英国著名社会学家安东尼·吉登斯提出了结构化理论，此理论主要讲述了社会结构与人的能动性的关系，它不仅强调了能动者的主体地位和社会结构的客体地位，更强调了能动与结构两者之间相互制约而形成的关系。吉登斯在结构化理论中将"结构"定义为是能动者在社会关系中反复涉及的规则和资源。结构化理论是主要围绕能动者（行动者）、规则和资源三个概念构建起来的[1]。建立行动——结构互动理论的目的，是为研究交易秩序内部结构的关系寻找一个有效的方法论或研究路径，从而最终为构建一个解释交易秩序产生和不断扩展的基本力量的新的理论框架奠定基础。将"交易秩序"作为研究对象和中心，可以引发经济社会学研究的一个转化和深化。所谓交易是指个体之间的"交互影响的行动"（Transaction），即互动。互动既可以是经济性的，也可以是非经济性的。在互动中，既有个体的自主选择又有外在结构对个体的影响。因此，交易一词足以反映与个体之间的互动相联系的所有经济的和非经济的因素。如果说交易范畴能够反映人类所有形式的合作，那么，秩序范畴则能反映这种合作在不同层次上的利益协调状态。交易秩序的标准不仅包括微观层次上的交易活动所引致的利益协调一致，而且还应包括宏观层次上的交易者与外部受影响者之间在利益和价值上的协调一致。这样，我们所建构的交易秩序的一般化概念，不仅能反映市场经济的实质（即交易），而且能够反映社会影响和社会秩序问题。交易秩序的最终目标可以用宏观层次上社会交易秩序的目标来表示。社会交易秩序的目标最直接地表现为使个别的交易活动能够增进或至少不损害社会利益。社会利益包括物质利益（效率）和非物质利益（公正）两个方面。因此，我们最终可以将社会交易秩序的目标归结为效率目标和公正目标。这两大目标将构成交易秩序的目标结构。交易秩序的两大目标必须通过微观层次上的合理交易或个别交易秩序的建立和扩展才能实现。因此，合理交易或个别的交易秩序应当成为实现交易秩序的手段结构。合理交易或个别交易秩序本身也是微观层次上的个别交易活动的目标。因此，只有达到使交易活动协调一致才能使交易各方的相互利益得到增长，交易也才能得到维持和扩展。而微观水平上的目标的实现也必须借助

---

[1] 邹月辉，张庆.结构化理论下我国专业运动员人力资本交易问题研究[J].体育科技文献通报，2021，29（9）：1-3，25.

其特定的手段。基于个别交易得以维持和扩展的基本条件，归纳出具有稳定性和决定性作用的手段结构——动机和规范。因而，交易秩序的四大结构之间不仅存在逻辑关系而且存在层次关系：规范和秩序目标处于宏观层次，动机与交易处于微观层次。

4 运动员人力资本产权交易秩序的逻辑、条件和功能

4.1 运动员人力资本产权交易秩序的逻辑

4.1.1 运动员人力资本产权交易的逻辑起点

半个多世纪以来，我国对运动员的培养始终沿袭举国体制，运动员人力资本由国家、运动员家庭和自身共同投资而成，其中，国家投资所占份额最多，甚至可以说是由国家全额投入。因而，以此形成的运动员人力资本产权属于国家也就合乎基本逻辑。但对于运动员而言，产权也可以被认为是属于自己的，因为每个运动员的成功都离不开自己很多的成本投入。首先，运动员运动能力的天资卓越是一种特有的珍稀资源，这种珍稀资源异常稀缺，因而它可能成为冠军诞生的逻辑起点，所以可以将其看作为运动员支付的最初资本。其次，竞技运动的本质就是超越对手与挑战自我。高强度训练造成运动员伤病甚至终身残疾的现象屡见不鲜，尤其是对于女运动员来说，对其生理的影响更为严重。此外，一些运动员为了成功成名，把利益、金钱、名誉放在首位而忽视身体健康，显然是与竞技体育的本质相违背的。更为严重的是，这种受伤害的身体对心理造成了不良影响，身体疾病让运动员对自己以后的生活和前程开始担忧，梦想的破灭、身体的伤病都对其心理造成了阴影[①]。所以，正如企业家投资有风险一样，运动员资本形成的过程中也伴随风险。随竞技体育高度商业化、市场化发展，各种矛盾和利益冲突不断加深。如何界定运动员的产权，如何分配其商业利益，如何协调国家战略目

---

① 邹月辉，张佳. 逆序冲击下竞技体育的困境及其破解之道 [J]. 体育学刊，2017，24（6）：40-42.

标与运动员个人发展的关系等，将是未来一段时间内我国竞技体育面临的挑战。清晰地界定运动员人力资本产权，是高效管理运动员人力资本的现实需要，只有较好地界定运动员人力资本产权，完善各产权利益者的关系，才能更好地维护各主体的权益，激发其不断投资的热情，最大限度地扩充现有竞技体育人力资本存量。因而，运动员人力资本价值如果通过运动员人力资本产权市场化的交易来实现，意味着必须符合两个基本的逻辑点：① 运动员与集体、国家等投资方具有平等的地位；② 与这种平等相伴的是运动员活动的独立与自主。市场化的运动员人力资本产权交易的核心是建立在个人自我选择和尊重个人权力基础之上的，需要把个人从集体中解放出来。运动员被认为是个人自我选择从事体育运动的人员，个人付出努力会获得恰当的收益，同时，也要承担风险的主体。

4.1.2 运动员人力资本产权交易的实践逻辑

4.1.2.1 运动员人力资本产权交易实现的过程

运动员人力资本产权交易价值的实现主要是提高现有运动员人力资本的使用效率（运动员人力资本的流动与交易）和促进有运动天赋的儿童、少年及其家庭选择进行运动员人力资本投资——壮大竞技体育后备人才队伍，核心问题是如何激励运动员、如何使竞技运动员的身份具有吸引力。运动员人力资本产权是运动员获得竞技体育服务产品剩余价值索取权的基础和源泉，因而其人力资本使用过程中的价值实现是人力资本产权交易双方在追求个人利益最大化的基础上展开的双向互动，这就意味着运动员人力资本产权交易价值实现包括两个方面的含义：① 若没有运动员人力资本的形成，便没有其产权交易的价值实现，这主要通过激励有运动天赋的青少年自愿接受培训，鼓励其家庭主动进行职业培养投资两个途径来实现；② 在运动员人力资本形成的基础上，通过使用才能最终实现运动员人力资本产权交易的价值，在这一使用过程中，运动员人力资本的形成是多元投资的结果，既有人力资本载体及其家庭投入的天赋、时间、金钱等，也有国家或我国俱乐部等投入的训练场地设施、人员、金钱、组织制度等。相应的，运动员人力资本产权交易的过程同样有两个阶段，即运动员人力资本产权交易形成和使用两个阶段。形成阶段，运动员人力资本由自身及其投资客体对其投资构成人力资本的供给来源；使用阶段，投资客体通过不同的方式影响运动员的流动，同时，市场对人力资本使用和形成过程中的人力资本形成资源配置，实现运动员人力资本产权交易。

同非人力资本一样，人力资本可以进行交易，而产权就是人与人之间交易关系的反映，出于交易的需要应明晰产权。人力资本产权是人力资本交易的产物，运动员人力资本产权就是将凝结在运动员身上的智力、知识、经验和技能等无形资产投入市场交易所体现出的社会经济关系。产权的主要内容是包括所有权、转让权、使用权和收益权的一组权利束。在运动员人力资本产权束中，运动员的所有权、转让权、使用权和收益权是其基本内容。运动员的所有权，不仅指人力资本在法律意义上的归属，还指对运动员人力资本的实际占有；运动员使用权是运动员消费人力资本使用价值的权利；运动员转让权是运动员人力资本自由流动的权利；运动员收益权是人力资本所有权在经济上的实现形式，是通过人力资本取得经济利益的权利。运动员人力资本产权的实现就是指运动员各项产权权能的落实。运动员人力资本产权实现的目的，是以运动员人力资本交易为前提的，通过建立有效的产权制度安排——即产权主体在法律规定的范围内享有应得的产权权能，并能够在操作层面行使各项权能，获取与权能相对应的利益，最终实现产权的经济和社会效率最大化。

运动员人力资本产权交易这一过程的复杂性主要源于以下四个因素。一是投资主体的多元性。运动员人力资本主要通过先天遗传（被动投资）和后天投资（对自然天赋的进一步开发）两个途径形成。这两种途径的投资主体不同，投资主体间会分享人力资本产生的经济和社会效益，并主张自己投资的人力资本产权成为主要的收益途径，造成了人力资本产权划分的复杂性。二是，投资客体的特殊性。运动员人力资本的投资客体是人，所有投资主体的投资最终物化到运动员身上，投资载体只能是运动员本人，并且人力资本的所有权和使用权中的控制权天然属于运动员。因此，运动员人力资本载体的这一特殊性与多元投资主体间的冲突成为产权交易常态，使产权交易关系复杂化。三是运动员人力资本形成的长期性、阶段性与投资的相继性。运动员竞技能力的形成包括基础训练、专项技能提高和最佳竞技三个阶段，不同阶段对应不同的投资主体，且后一阶段的投资依赖前一阶段投资所形成的人力资本产权的明晰程度。在我国，由于各阶段投资主体都追索其人力资本的投资收益，造成后期的资本投资必须以前期投资有清晰的权利义务关系为条件，造成使人力资本产权交易更加错综复杂，产生权利交错、模糊等问题。四是信息的不完全性。这表现为难以确定运动员人力资本存量中先天遗传转化的价值与后天投资形成的价值间的权重、运动员人力资本创造的无形的经济价值和社会价值，难以精准量化资本载体与非人力资本方共同作用下人力资本的使用价值、主观努力程度等。运动员人力资本要素市场是运动员人力资本供求双方进行双向选择、进行运动员人力资本产权交换的场所和空间，是运用市场机制调节运动员人力资本供求关系和实现运动员人力资本配置的组织形式。

市场化的人力资本产权交易是以运动员人力资本的"需求—供给"机制为基础，根据物质资本对稀缺性运动员人力资本使用价值及其差异性的竞争，以及运动员人力资本与物质资本的博弈所形成的运动员人力资本的价格构建起的自我调节系统，是使运动员人力资本的使用价值获得社会承认并实现其人力资本价值的重要途径。

4.1.2.2 运动员人力资本产权交易实现的形成逻辑

(1) 政治层面：运动员人力资本产权交易植根于中国的现实需求

中华人民共和国成立初期，由于饱受战争的纷扰，无论是经济实力还是生产力水平均落后于西方国家，经济的发展很是艰难，人民的生活水平极其低下。快速改善人们的生活质量，大力提高生产力，实现人们的富裕生活是该时期最为关键且迫切的任务。因此，政府借助一双看不见的手不断地调控经济的发展，以保障人们的幸福生活。那时的人们意识到参与体育赛事是提升我国综合实力及话语权的最为直观且快捷的道路。因此，在实施计划经济的国家大背景之下，竞技体育同样积极地践行计划经济的精神。国家举全国之力实施举国体制。而举国体制就是要将国家利益放在首位，国家体育相关部门及工作人员在全国范围内调动有关的人力和物力，国家负责担负教练员的培训费用，以及运动员的选拔、培养等一切事宜，全力保障运动员全身心地投入比赛。而实施举国体制的优势之处便是能够集中力量，使优秀的教练员都有统一的观念和训练计划。

改革开放40多年来，我国竞技运动水平有了明显的提高。在2004年雅典奥运会、2008年北京奥运会和2021年东京奥运会上，实现了跨越式的发展，金牌总数分列第2位、第1位、第2位，举国体制发挥了重要作用[1]。而在举国体制的影响下，运动员人力资本产权归国家所有，国家可以按照比赛的需要任意调度相关的人员，无论是由国家培养的专业运动员还是由国家和俱乐部联合培养的职业运动员，面对国家赛事在即的情况，都应该以国家利益为重。以当前职业化发

---

[1] 邹月辉.当代中国体育的国际角色与国际责任 [J].武汉体育学院学报，2008（10）：10-14.

展较好的足球项目为例，当中超比赛与国家队比赛发生冲突时，俱乐部要为国家比赛让行。国家队会从各个俱乐部抽调一部分优秀的运动员参与国家比赛，为国家争取荣誉。这一时期，政治因素可以说是我国运动员人力资本产权交易形成的最主要的逻辑。

(2) 理论层面：运动员人力资本产权交易贯穿于产权理论的主线

竞技体育属于社会存在的一部分，竞技体育的发展与运动员息息相关，而运动员的意识又能动地反映并影响着竞技体育的发展进程。因此，运动员人力资本产权交易形成的逻辑除了遵循历史逻辑之外，还会遵循人力资本产权理论的逻辑。古希腊时期，西方著名的哲学家的人力资本思想不断萌芽。随着时代的变迁，市场不再被单纯地视为物物交换的场所，而是逐渐发展成为人与人之间以经济利益为核心的交易场所，市场的功能、交易方式、结构等都在发生变化。人们不再简单地将目光锁定在物质资本的交易过程之中，而是逐渐关注人力资本相关内容的研究。美国经济学家于1961年最先提出人力资本的内涵、性质、作用等内容，为人力资本相关研究的展开奠定了基础。

在此研究影响下，人力资本理论相关研究的广度和深度不断提高，一些学者甚至在人力资本理论研究的基础之上，展开运动员人力资本产权交易理论研究。而职业体育的发展就是在这种理论发展的影响之下逐渐成长起来的，竞技体育因其激烈的竞争性吸引了众多观赏的目光，并能够带来社会价值。因而在人力资本思想理论和西方市场经济发展的引导和作用下，西方职业运动员多被看作是一种生产要素，而市场则要求生产要素商品化、货币化。在西方经济学方面理论尤其是人力资本理论不断传入的同时，我国原有的计划经济体制受到严重的冲击。为更好地发展社会经济，我国逐渐进行市场化改革。竞技体育系统不断发生变革，西方的资产私有化和产权明晰化的主导思想在不断地影响我国竞技体育的发展。随着经济与竞技体育融合得越来越紧密，在人力资本产权理论的影响之下，人们逐渐意识到我国竞技体育终归要面对市场的问题。既然商业行为是纯粹市场化的，那么在解决运动员产权归属问题上，就必须以市场化原则下的契约来约束与管理其商业行为，而不是直接将计划管理模式套用在市场行为上。而在人力资本产权理论及思想不断成熟的影响下，在我国体制改革，市场经济不断发展之际，运动员人力资本产权交易正朝着不断正规化与完善化的方向发展。

(3) 制度层面：运动员人力资本产权交易优化与制度变迁

运动员人力资本指存在于运动员身上且可以产生经济效益的体力和智力等。

运动员人力资本产权主要指因投资而形成的运动员人力资本所有权及其衍生的使用权、处置权和收益权等一组权利束的总称。纵观我国竞技体育发展有关的制度，我们发现虽然当前尚没有一部关于运动员人力资本产权的专门政策制度，但是运动员人力资本产权也是一组权利束，关于运动员使用权、处置权、收益权相关的政策制度不断地发展完善。中华人民共和国成立初期，由于运动员特殊的培养体制，国家负责运动员选拔、培养、安置等一切事宜，因此运动员的所有权利归国家所有。1952年，中共中央组织部和团中央联合发布的《选拔各项运动选手集中培养的通知》中提出，要正式建立运动员人力资本形成与管理的专业队体制，将运动员纳入国家事业单位的正式编制，并将人力资本的所有权让渡给国家。1956年3月，国务院颁布的《体育运动委员会组织简则》中提出，体育运动委员会在国务院领导下负责统一领导与监督全国的体育事业，奠定了国家作为运动员人力资本唯一产权主体的地位。因此，运动员的流动与"交易"都需要由国家统一安排和调度。1956年7月实行的《国务院关于工资改革的决定》中指出，国家编制人员要由政府部门根据工龄、能力等因素进行综合评定，并统一建立职务等级工资制。运动员的工资由国家根据一定的标准进行发放，因此，该规定在一定程度上奠定了我国运动员工资制度的基础。1978年党的十一届三中全会的召开拉开了经济体制改革的序幕，也在一定程度上推动了竞技体育体制的改革。1983年《国务院关于科技人员合理流动的若干规定》中提出，人才力量薄弱的区域可借助聘用的方式去人力资源相对富余的区域"招兵买马"，为人力资本的合理流转提供了政策保障。1986年，体育行政部门制定的《关于体育体制改革的决定（草案）》中提出要实现相关部门职能的转变，政府转变统管统包的管理方式，扮演好监督、管理的角色。在此影响下，1987年，国家体委召开全国人才交流工作会议，拉开了体育人力资本转让的序幕。一些地区的体育部门借此契机开始在各地区广募人才，但在"地方保护主义"思想的影响下，体育人才的省际流通尚未普及，多限定在本地区间农村向城市的流动。1992年，国家体委召开的体育人才交流会揭开了我国运动员流动的帷幕，奠定了竞技职业化改革的基础，赋予了部分运动员开始拥有转让和选择合约的权利。俱乐部与职业运动员签订协议后，除了在契约限定的时期内为运动员人力资本形成与提高给予所需资金支持，还可以享有相应的人力资本产生的利益。而运动员在合约到期以后，凭借"自由人"的身份重新开始交易。1998年，国家体育总局出台的《全国运动员注册与交流管理办法（试行）》中提出，"在本人自愿的基础上，合约到期两个月后可向原注册单位呈递交流的书面申请"规定，2011年中国足协全面施行的自由转会制度也很好地诠释了这一点。此外，自我培养形式的职业运动员自身就享有人力资本产权的使用支配权，如丁俊晖、李娜。该时期随着体育职业化改革的加快，国家逐渐取消了对运动员人力资本的指令性计划，运动员人力资本的要素可以根据市场的需要进行配置。随着相关制度的不断完善，无论是专业运动员还是职业运动员，运动员人力资本产权交易将会逐渐变得有序自然。

4.2 运动员人力资本产权交易秩序的条件

4.2.1 运动员人力资本产权交易秩序的基础条件

体育是国家综合力量的博弈，而运动员则处于这场博弈的最前线，一举一动都会对国家体育形象产生影响。新时代我国竞技体育事业亟待建立一种新型人力资本产权交易秩序，以确保我国竞技体育在改革浪潮中实现运动员自由流通，实现其不断发展而不被改革浪潮淘汰。那么，运动员人力资本产权交易秩序的基础条件是什么？这需要我们进一步分析。

交易秩序建立在单个交易的基础之上，交易构成了交易秩序的基础单位。因此，理解交易应该成为理解交易秩序的基本单位。交易活动得以产生必须满足两个必要条件。一是交易者目的和行为的协调，即交易一方的目的和行为必须符合交易另一方的目的和行为。因为任何一方的目的和行为，都将是另一方特定行为方式的预期。假如交易者试图通过欺诈手段攫取他人的利益，则交易对方在明确其意图和行为之后也可能采取相同的行为或者拒绝与其合作。所以，交易的产生，关键在于交易者的目标相容和决策协调，即都意在通过给予他人利益来换取自己的利益。当然，要使交易真正达成并持久进行，还必须满足另一个条件：交易者必须将交易活动建立在一系列相同外部情景的预期上，其中特别重要的是交易者能够达成公平交易的共识，以及社会规范对权利转移的认可和保护的一致预期。假如交易者对什么是公平交易存在分歧，或者对外部规范（特别是财产权规范）做出相互冲突的预期，那么，交易就难以达成或持久进行。因此，交易者的目的或计划必须相互协调，同时他们对外在情景条件都有积极的预期。只有交易双方的目的或计划彼此相容，即都试图通过给予他人利益以获取自身利益，并且对一系列相关的外部规范的约束都有着积极的预期（外在的制度、伦理有助于或鼓励交易目的的达成），他们才可能发生交易。如果其中一个条件不能满足，都将导致交易难以达成或交易失败。因此，在社会主义市场经济体制下，在运动员商业价值逐渐飙升的契机影响下，实现国家、集体、运动员个体之间的利益平衡成为运动员人力资本产权交易秩序的基础条件。

4.2.2 运动员人力资本产权交易秩序的层次结构

从逻辑结构上来看，运动员人力资本产权交易秩序可以分为具有内在逻辑关系的"个别的交易秩序""社会的交易秩序"两个层次。个别的交易秩序是指从单个的合理的交易活动中获得的秩序状态，它表现为交易当事人之间在目的、行动和利益分配等方面的协调一致。社会的交易秩序则不仅包括个别的交易秩序即直接交易者之间的协调一致，而且还包括交易者和非交易者尤其是和外部受影响者在利益和价值方面的协调一致。因此，微观水平上的个别的交易秩序构成了宏观水平上的社会的交易秩序的基础和必要条件。要使个别的交易秩序有助于产生社会的交易秩序，即要使交易者与外部受影响者达到利益和价值的协调，关键是使交易的个别目的和社会目标达到激励相容。个别目的和社会目标的激励相容是指，一方面，社会目标必须建立在大多数人愿望的基础上，而不是将某个人或某些人的特殊目的或需要强加于大多数人；另一方面，个别目标必须服从社会目标，要求个别活动在达到个别目的的同时，至少不损害社会目标的达成。例如，在竞技体育领域，运动员不得为了获得高额的回报贿赂体育管理者，导致出现假球、黑哨、暴力事件、场外交易、体育赌博、暗箱操作、运动资格舞弊等失序行为[1]；运动员不得为了成功成名而扭曲竞技体育规则，出现滥用兴奋剂的行为。然而，要达到这一目标，社会必须实施一种最低限度的集体活动，由集体权威来对交易者和外部受影响者各自的权利和义务进行界定。在此基础上，人们可以选择道德共识和交易的方式或者通过康芒斯所强调的司法判决的方式解决交易者与外部受影响者的冲突，从而最终使个别的交易秩序有助于产生社会的交易秩序。

从内容结构上来看，经济学中的交易秩序通常包括企业交易秩序、市场交易秩序两个方面。根据我国国情和研究需要，本书将我国运动员人力资本产权交易秩序分为专业运动员人力资本产权交易秩序、职业运动员人力资本产权交易秩序、运动员经纪市场交易秩序三个部分。

---

[1] 邹月辉，张佳. 逆序冲击下竞技体育的困境及其破解之道 [J]. 体育学刊，2017，24（6）：40-42.

4.3 运动员人力资本产权交易秩序的功能

运动员资本产权交易市场不同于一般的社会金融，具有独特之处，但就产权交易秩序来说，两者皆由买卖双方的交易行为构成。因此，运动员人力资本产权市场交易秩序有着促进人力资本启动、提高薪酬水平、促进人力资本合理流动的一般功能。当然，因为交易内容、方式、方法、过程等有所不同，其又有体制转型过渡期的改革功能。

4.3.1 运动员人力资本产权交易秩序的一般功能

4.3.1.1 促进人力资本启动

运动员人力资本具有特殊性，其人力资本存量的大小更取决于运动员本人的运动天赋与个人努力程度，各方的投资只不过是对运动员本人的运动天赋与个人努力程度的进一步挖掘。因此，运动员人力资本产权交易秩序的目的首先在于促进运动员人力资本的启动，以促使运动员人力资本价值的实现；其次在于保护各方的合法权益。为了实现这样的目的，应该把运动员人力资本产权看作是包括所有权及其派生的使用权、经营权、处置权、发展权和收益权等在内的一系列权利。其中，运动员人力资本的所有权当然归运动员所有，而运动员人力资本的使用权、经营权、处置权等可依法律规定或运动员的意志转移给他人，这实质是运动员为了实现人力资本所有权的价值和获得他人投资并增加人力资本的存量，以人力资本的使用权、经营权、处置权等为条件进行的一种交易行为。即运动员人力资本的所有权与使用权、经营权、处置权等既可以是一体的，也可以是分离的。运动员人力资本投资者与运动员人力资本载体一致时，运动员人力资本的所有权与使用权、经营权、处置权等是一体的。例如，网球运动员李娜单飞后，其人力资本的所有权与使用权、经营权、处置权等是一体的，由李娜本人行使。而当存在多元投资方式时，运动员人力资本的所有权与使用权、经营权、处置权等是可分离的。同时，在这一过程中，运动员可以实现自己的人力资本价值。运动员人力资本产权的分解为运动员人力资本的流动、配置和使用等创造了条件，将大幅提高运动员人力资本的使用效率，更好地促进运动员人力资本的启动。

4.3.1.2 提高薪酬水平

职业运动员人力资本产权交易的核心目的是运动员的薪酬，因此，本书对我国职业运动员人力资本产权交易秩序的研究将围绕影响和制约职业运动员薪酬的经济学因素进行。在改革开放前的计划经济时代，激励儿童、青少年及其家庭选择进行运动员人力资本投资的手段主要是非经济性的，如农村户口转为城市户口、退役安置工作、给予荣誉、给予政治地位等。在计划经济时代个人可选择的人力资本投资机会非常稀少的条件下，这些激励手段是非常有效的，起到了促进运动员人力资本配置和促进运动员人力资本价值实现的作用。改革开放后，社会大环境发生了根本性的改变，在市场经济体制下，原有的激励手段有的失效，有的丧失存在基础，对运动员的人力资本激励逐渐转为以经济性激励为主，其主要手段是工资和奖金。物质奖励的出现，满足了运动员最基本的生存需要，更有效地增强了运动员刻苦训练、创造优异成绩的动力。这时期，为了发展竞技体育，进一步发挥运动员的积极性和创造性，我国运动员的收入分配制度在市场经济体制下体现出了按照市场定价的原则进行分配的模式。直至今日，我国的体制改革仍在进行，在这一时代背景下，我国运动员薪酬体系必然隐含着市场与计划两种体制的特征，既在一定程度上维护社会公平，也要遵循市场经济的效率原则，这种薪酬体系是特定时代的必然选择。在此体制下，运动员薪酬发放受外界冲击较小，可以让运动员的训练有所保障。我国专业运动员主要由国家或当地政府负责支付薪酬，赛事奖金情况一般不会对运动员收入造成直接影响。我国职业运动员尽管逐步走向市场，但不可否认的是政府行为仍直接或者间接地保障着他们的薪酬。以中超为例，鲁能、国安等俱乐部都有国企做后盾，为俱乐部运营和运动员薪酬发放提供保障。即使民企赞助的俱乐部背后往往也有政府的支持，政府会在俱乐部出现问题时进行干涉维稳，对运动员薪酬保障起到了重要作用。

4.3.1.3 促进人力资本合理流动

运动员人力资本产权流动的实质是人力资本产权的再次交易及多次交易。运动员人力资本具有"干中学"的特点，属于专用性人力资本。"专用性人力资本投资模型"为 $MP'+G1+G2=W+C+k$，其中，MP' 是员工在获得一定人力资本专用性后的边际生产率，k 为培训费用，而 C 仅表示受训者付出时间成本与机会成本，G1 表示时间、机会成本投资对应的收益，G2 表示投资成本 k 对应的收益[1]。对于专用性投资，人力资本流动会造成部分投资成本无法回收的局面，所以培训费用通常应由劳资双方共同承担，从而分摊风险。而我国专业运动员现行培养模式却由集体一方承担全部培训费用，所以集体一方会采取有效措施防止运动员人力资本流动。根据国家体育总局《全国运动员注册与交流管理办法（试行）》规定：运动员参加国家体育总局主办的全国综合性运动会和全国单项比赛，应代表具有注册资格的单位（以下简称为"单位"）进行注册（第五条）；运动员本人或其法定监护人应与拟代表的注册单位签订代表资格协议（第七条）；代表资格协议期满后，注册单位享有对该运动员的注册优先权。注册优先权期限根据所签订的代表资格协议的期限确定：协议期限 1～3 年（含 3 年），注册优先权期限为 12 月；协议期限 4～6 年（含 6 年），注册优先权期限为 24 个月；协议期限 7～9 年，注册优先权期限为 36 个月（第二十条）。运动员要想获得参加国家级竞赛的资格必须注册，而注册要有注册单位并与注册单位签订代表合同。也就是说，运动员人力资本使用权、收益权、处置权等将长期归注册单位所有。目前，青少年运动员的跨省流动非常频繁，主要表现为从竞技体育后备人才大省向经济发达地区转移，如 1994 年广东省举行省运会，参赛的各市采取高价收买的政策输入运动员，仅辽宁省就有 200 多名二线运动员和业余体校的运动员人被引进[2]。由于缺少正式的流动制度，这种流动会损害人才输出单位的利益，挫伤其培养后备人才的积极性。在这一过程中，利益大都流入了操控者的手中，运动员的合法权益无法得到保证。

4.3.2 运动员人力资本产权交易秩序的改革功能

4.3.2.1 认知—思想的革新

认知是一个不断升级、深化的过程，人们对体育的认知也是如此。中华人民共和国成立初期，我国经济水平较低，人们将更多的时间和精力用于解决温饱和生存的问题，缺少认识和了解体育相关知识的精力和欲望。随着我国经济的腾飞，人们在物质追求得到基本满足的基础上，开始不断地追求精神上的满足。这

---

[1] 刘凤芹，于立. 专用性人力资本与准租金安排 [J]. 社会科学战线，2010（9）：52-62.
[2] 辽宁：从体育"强省"到体育"强"省 [EO/OL]. (2013-01-23) [2022-12-28]. http://news.sina.com.cn/z/2013gdlhln/.

种认知的改变在竞技体育方面展现得尤为明显。计划经济时期，运动员的培养施行的是"一条龙"的三级训练网，运动员的衣、食、住、行都由国家统一安排，因此运动员人力资本的使用权、处置权、流动权、收益权等全都归国家所有。与此同时，人们对产权、流转、收益的认知处于无知的状态，政府认为其出资培养运动员，理应享有运动员产生的一切利益；而运动员认为国家为其安排好一切便足以，自身只需专心训练，夺取优异的成绩，为国争光。

党的十一届三中全会揭开了宏观经济体制改革的序幕，国家为经济、文化发展拟定系列改革条例的同时，也在极力推动体育体制的厘革。人们的产权意识不断觉醒，运动员开始追求自身的合法权益。而在此时，建立运动员人力资本产权交易市场，能够快速转变人们对产权、交易、市场的认知，实现运动员人力资本价值的最大化。一方面，体现在政府人员的认知上。国家财政给体育相关部门拨款，以培养运动员，使其为国争光，进一步提升我国体育话语权。但是，政府相关人员和体育主管部门存在混淆职责范围的现象。财政拨款给相关的部门对运动员进行培养，这是一种事业行为，而运动员的价值开发却是一种典型的产业行为。若体育相关部门把事业行为和产业行为，即将运动员的培养与经济开发行为混为一谈，将专业经纪团队排斥在运动员价值开发的行为之外，将不利于实现运动员价值开发的最大化。建立运动员产权交易市场有助于行政部门明晰事业行为和产业行为的区别，及时放权，寻找专业的经纪团队，共同协商沟通，在保证运动员训练不被影响的情况下，最大限度地开发运动员的商业价值。另一方面，能够激起运动员的产权意识。受到计划经济的影响，运动员的所有权利归国家所有，运动员专心参与训练，为国家争夺荣誉。随着竞技体育的市场化改革，以及西方经济学、产权理论的传入，人们开始重新认识自身拥有的权利。但是，当前运动员仅处于产权意识的萌芽状态，不知道自身拥有何种权力，更不知道该如何维权，争取自身与集体利益的最大化。而建立运动员产权交易市场之后，产权专职人员会像运动员、教练员及相关人员普及产权知识，能够进一步促进产权交易的顺畅、透明。

4.3.2.2 政策—制度的变迁

制度变迁表示在时间长河中，新制度产生、替代或者是改变原有制度的一种动态过程。这种过程就是在发现原制度缺陷的基础上进行重新修订的一种效率较高的制度形成过程。根据制度变迁的理论可知，制度变迁的动态过程包括自下而上的诱致性制度变迁和自上而下的强制性制度变迁两种。其中，诱导性制度变迁是指，新制度是由于底层人员面对不均衡的旧制度而推动产生的，具体指底层人员在获得机会时，所自发倡导、组织和实行的制度变迁的动态过程。当前，我国实行的关于运动员流转的政策条例主要包括专业运动员的注册制度与职业运动员的转会制度。这些制度制定之初是为了更好地规范运动员的流转，但是，随着时间的推移、体制的改变，对职业化尚未完全的项目而言，合同到期之后可以自由流转的制度并没有完全得到落实。

在运动员转会制度中，表现出问题最为明显的制度就是处于合同期之内的运动员转会的相关问题。我国《劳动合同法》中明确指出，若劳动人员想要离职，在正式离职前30天向公司递交离职手续或者是通知相关部门，就可以解除劳动合同。根据该规定，为国争光的运动员也应该享有劳动合同的单方解除权。但是，当前我国现有的转会制度中却不支持运动员单方面解除合同的权利，即在运动员合同没有到期之前，没有俱乐部的同意，运动员不可以单方面解除合同，施行自由转会。而且即便是合同到期，运动员寻求到更加合适、心仪的俱乐部，还是会受到原有单位的优先选择权的限制。由此可见，运动员自由流转的权利受到限制。而建立运动员人力资本产权交易市场，在运动员流转的规程中出现的一系列问题会自下而上的诱导新制度的产生。原有的制度不利于运动员的自由流转，也不利于运动员人力资本的交易，因此，建立运动员人力资本产权交易市场对于制度的创新有着非比寻常的改革意义。

4.3.2.3 交易—方式的优化

计划经济时期，运动员人力资本的使用和流转均须服从国家统一支配。1963年，国家体委制定的《关于试行运动队伍工作条例（草案）的通知》限定了专业队运动员的出处，要求其必须来自少年体校的选拔，明确了其自下而上垂直流动的方式，体现了其流动刚性。1964年，《关于优秀运动员工龄计算等有关问题的联合通知》中对退役运动员人力资本的处置权做出明确规定，即正式参加专业运动队的运动员，日后其退役后享有的待遇都应该按照事业编制的安排进行办理，须服从国家的指令。该时期，国家实行的举国体制决定了运动员无法享有自由流转及随意挑选合同的权利，即其人力资本产权的使用支配完全服从政府安排。在1984年美国洛杉矶奥运会的契机下，大批运动员凭借其优异的成绩与国际声望走出国门，走向世界，甚至形成了数目可观的"海外兵团"，据统计，当时约有

15%以上的奥运会运动员流向国外。该时期人才流动的范围小、人数少，且多是一些地方训练单位出于"情谊"而进行的互补性交流。随着竞技体育的发展，人才流动逐年增多，运动员转会制度逐渐规范，在运动员合同期满之前，其他的俱乐部可以与运动员当前所在的俱乐部、运动员进行三方沟通、协商，以决定运动员的流转方向。此时，如果原有的单位没有续约的意图，那其他俱乐部就可以与该运动员签订合同，实现转会。若该俱乐部有续约的意愿，可以根据运动员转会制度中的优先选择权，与该运动员进行续约，该运动员就无法实现转会。针对正处于合同期的运动员，俱乐部管理人员可以与其他俱乐部管理人员协商、沟通，两个俱乐部以人员交换的形式，促进运动员交流。但是这种交流多是俱乐部之间的情谊占主导，交流的过程中没有利益产生。而建立运动员人力资本产权交易市场，会有专业的人员对运动员的技能、健康、商业价值等无形资产进行评估，合理定价，使运动员的转会与交流更加公开、透明。交易方式的不断优化是运动员人力资本产权交易市场建设的又一影响深远的改革功能。

4.3.2.4 资源—配置设施的完善

产权交易市场对入场交易项目，在入场交易前、交易中、交易后提供全程服务，确保入场交易项目依法依程序规范有序组织，公平公正公开操作。而运动员人力资本产权交易的规范化也应该遵循这样的流程。

首先，入场交易前，提供信息汇总、分析、分类服务。根据转让方提供的资料和要求，结合转让标的实际情况，积极协助转让方依法依程序制定产权交易组织实施方案，提供前期策划、方案设计等优质服务，做到规范有序组织。其次，入场交易中，相关人员要根据正规合法的途径和方式，借助多媒体渠道在公告时限内对自由流转的运动员的信息实施发布推广。采用微信、微博等现代化、多元化的宣传方式，达到辐射范围广，参与人员多的效果，让更多的俱乐部可以参与竞买。在竞拍的过程中，可以借助物质产权交易的形式，采取网络竞价方式，制定出可能出现的各种情况的处置预案，对意向俱乐部进行操作培训和模拟训练，开启竞价平台，按照竞价流程进行实时竞价。竞拍结束以后，要按照相关法律规定、公告发布的受让条件、竞价结果，对转受让双方拟签订的《产权交易合同》进行审核、把关，在审核完成后，组织交易双方签订《产权交易合同》。最后，入场交易后，要协助转受让双方到相关部门办理变更登记手续。项目完成后，要对已完成交易项目交易价格进行公告。同时，按档案管理规定，全面系统地整理资料，立卷归档，并长久妥善保存，以便日后查阅项目资料，对已完成交易项目的企业进行回访，了解转让后企业的实际情况和需要提供的其他服务。运动员人力资本产权交易的流程是极为复杂、专业程度要求较高的过程。因此，运动员人力资本产权交易市场的建立就需要更多的专业人才，以及更为先进的配套设施。现代科学技术的迅猛发展，必将推进产权市场中配套设施日趋现代化。

5 运动员人力资本产权交易秩序转型

当前，我国正在经历巨大而深远的经济社会变迁，我国学者运用社会哲学中的社会契约论对其进行分析并提出，可以将计划经济、市场经济看成一种社会交易或社会契约。基于此，我国正在经历的经济秩序转型，也可以认为是"交易秩序转型"。社会转型的基本方向是指从计划和传统的交易秩序向市场导向的交易秩序转变。体育领域中，运动员人力资本产权交易秩序的转型伴随经济社会的转型几乎发生着同步的变化。以下着重探讨运动员人力资本产权交易转型发展中，构成这三种交易秩序的社会基础和政策基础，以及造成转型的基本原因。

5.1 计划的交易秩序

计划经济是一种广泛的社会实践，也是一种通过集体（各级计划机构）控制和分配权利的经济秩序，更是一种特殊的社会交易秩序，即计划的交易秩序。这种交易秩序得以运行的基础是社会契约，是秩序的设计者和接受者进行社会互动的结果，是社会范围内关于权利分配和交换的契约。我国"计划型"运动员人力资本产权交易是在我国"计划经济"时期受特定社会文化环境影响形成的。在消灭私有制、建立公有制的指导思想下，国家从组织管理方面对来自不同行业的运动员实施调整，把具有私有性质的运动员人力资本产权纳入公有制的轨道。

1952年，政府部门颁布的《选拔各项运动选手集中培养的通知》正式建立运动员人力资本形成与管理的专业队体制，将运动员纳入国家事业单位的正式编制，并将人力资本的所有权让渡给国家。随后颁布的《体育运动委员会组织简则》提及由体育运动委员会负责领导与监察我国体育事业发展的相关条例奠定了国家作为运动员人力资本唯一产权主体的地位。国家实行的竞技体育举国体制决定了运动员无法享有自由流转及随意挑选合同的权利，即其人力资本产权的使用支配完全服从政府安排。1956年，国务院制定的《关于工资改革的决定》中提出"由中央政府根据职工的工龄、能力等条件统一建立职务等级工资制"的规定奠定了我国工资制度的基础。在此影响下，国家体委提出"成为国家正式职工的运动员可和在编人员共享同等待遇"的法规为运动员按照国家职工标准进行收入分配提供了政策依据。1963年，国家体委根据现实情况提出"要对比赛与训练成绩优秀的运动员提供相应技术补贴金"的规定，但在执行一年后，因含有复辟私有制的风险而停止施行。此后国家虽然重新制定了运动员的薪资标准，并先后两次提升薪资水平以保障运动员的收益，但在平均分配思潮的影响下，运动员之间的薪资水平并未呈现出较大差异。

1978年召开的党的十一届三中全会揭开了宏观经济体制改革的帷幕，国家为经济、文化发展拟定系列改革条例的同时也在极力推动体育体制的改革，尤其是运动员收益与改革之前相比有较大改善。国家在贯彻按劳分配的原则下，1980年，国家体委在恢复了之前停止试行的"优秀运动员运动技术补贴"政策的同时，在1981年重新拟定了运动员收入标准。1983年国务院制定的《国务院关于科技人员合理流动的若干规定》中提到，人才力量薄弱的区域可借助聘用的方式去人力资源相对富余的区域招兵买马，为人力资本的合理流转提供了法律环境。与此同时，在1984年美国洛杉矶运动会的契机下，大批运动员凭借其优异的成绩与国际声望走出国门、走向世界，甚至形成了数目可观的"海外兵团"，据统计，当时约有15%以上的奥运会运动员流向国外。

1985年我国下发的《关于国家体委运动员、教练员工资制度改革问题的通知》把"标准工资制"转变为"体育津贴制"，将运动员的收入与其运动等级、比赛成绩密切相连，用以区分人力资本水平优劣、成绩好坏和贡献大小。文件中提到的针对无合理缘由的情况下不遵从分配的运动员可适当减发或停发体育津贴的条例，表明当前运动员人力资本产权的收益分配方式仍以国家意志为主。1986年，体育行政部门制定的《关于体育体制改革的决定（草案）》提出"推动体育社会化与科学化建设"的规定推动相关部门职能的转变，达成由政府统一支配向领导、监督的管办结合过渡，为运动员人力资本产权的确立奠定了政策基础。但其中提及的"现行的领导体制基本可行"却是对原有的以国家体委统一管理各项体育工作的领导体制的肯定，说明此次体育体制改革只是在当前体制环境下对现有制度的有限调整与修缮。

在此影响下，1987年国家体委召开的全国人才交流工作会议拉开了体育人力资本转让的序幕。一些地区的体育部门借此契机开始在各地区广募人才，但在"地方保护主义"思想的影响下，运动员人才的省际流通尚未普及，多限定在本地区农村向城市的流动。从钟秉枢调查研究中"运动队25%的优秀运动员来自农村"的结果可证实这一观点。

计划的交易秩序下，运动员人力资本的使用和流转均须服从国家统一支配。尽管形成了我国运动员人力资本产权制度的雏形——共有产权的形式[①]，但由于其产权私有性不被承认，且流转与使用支配也受到诸多限制，运动员人力资本产权制度并未诞生。运动员通过"合作化""集体化"等形式将人力资本产权让与了不同层次的计划机构，计划机构从人力资本产权的权利转让中获得了集体控制的权威。这种交易秩序对于当时的国家和运动员来说，都是有益的社会交易。

计划的交易秩序问题在于，我国运动员人力资本产权交易体现为非对称性特征，即运动员向集体或组织机构转让的权利是现实态的，而集体转让的权利则是未来态的，一旦集体不能兑现承诺，就相当于剥夺了运动员的权利。由于我国市场经济体制的建立，原有的起源于计划经济体制下的交易激励手段逐渐失效，部分运动员退役后生活困顿，造成交易公平缺失。同时，这种交易的信任基础由于集体一方承诺的失败而逐渐瓦解，从而使运动员这一角色日益失去吸引力。目前，基础体校尤其体能类项目普遍招生困难，对运动员人力资本启动激励不足。一方面是运动员人力资本交流的壁垒森严；另一方面是由于竞技体育非均衡发展造成的竞技体育人才流动的强烈需求。目前的制度难以起到促进资源合理配置的作用，效率缺失。

5.2 传统的交易秩序

研究计划的交易秩序是非常必要的和重要的。然而，对于我们有着深厚的传统文明积淀的社会主义国家而言，经济体制改革不仅只是对计划或者集体控制的交易秩序的转型，实际上还包括对基础更为深厚的"传统的交易秩序"的改革和转型。传统的交易秩序是一种建立在个别主义信任基础上的合作秩序，也是一套人格化的交易规则。运动员人力资本产权交易秩序是与中国"传统社会"的存在联系在一起的。

[①] 李琦. 中国人力资本产权制度安排的经济效率研究 [M]. 北京：首都经济贸易大学出版社，2009.

传统社会与现代社会在我国并没有清晰的地域或社区的界限，它们几乎总是以相互交织的形式存在。改革开放以来，我国逐渐由传统社会向现代社会过渡。"传统社会"与"现代社会"的区别不仅表现在地域、经济、资源、环境等差异上，而且也体现在同一领域、地域的主体活动中。例如，在更接近传统社会的乡村，人们的行为和观念可能包括现代社会的因素，而在视为现代社会的城镇中，可能存在或潜藏着与现代因素相融合或者相排斥的传统因素。现代与传统相互交织的社会环境，以及我国运动员人力资本的形成与使用状况，均体现了运动员人力资本产权传统的交易秩序。

我国运动员人力资本的形成主要基于各省、市的三级训练网，传统的管理体制使我国运动员人力资本产权交易带有"传统社会"的典型特征，即费孝通所说的"乡土社会"，是指由生长、生活在同一块土地上的人们通过日常交往而自然组成的社会生活共同体。体育系统内部运动员流动相当于传统社会内部人与人之间的物质和非物质交易，其共同特征是这种传统的交易秩序是建立在熟人之间的相互信任的基础上进行的一种合作秩序。运动员流动或者交易是运动员的教练员熟人之间的交易。地方体育"保护主义"的现实性决定了传统社会中运动员人力资本产权交易秩序规则的非普遍性，并依附于传统社会中的地缘秩序、血缘秩序和身份秩序。我们在传统社会中所养成的交易习惯不适用于现代运动员人力资本开发与交易，存在流弊。传统的交易秩序下，人才流动的范围小、人数少，且多是一些地方训练单位出于"情谊"而开始的互补性交流。我国在向现代社会的急速变迁中，随着产权交易机构自身的发展，对跨地区协作、扩大资源整合与配置范围的要求日益提高，区域性的市场联盟应运而生，推动着运动员人力资本的转让及人才市场的建立。

传统的交易秩序问题主要体现在两个方面。一方面是运动员人力资本产权交易不具备交易扩展的潜能。传统的交易秩序是建立在个人之间相互熟悉的基础之上的，陌生人之间难以给予信任。从熟悉中产生的信任只能是个别的，不可能成为普遍意义上的交易原则。也就是说，地方之间运动员人力资本交易的频率、内容、方式等都是视不同的信任程度决定的。而不同的信任程度，又主要取决于人与人之间由"差序格局"所决定的熟悉程度。另一方面是导致运动员人力资本产权交易的非公正性。相互信任是传统交易的前提，信任是由人际关系决定的。所以，运动员人力资本市场往往会根据交易对象身份的不同自然而然地采取不同的交易规则。这种遵循不同交易标准的交易规则直接导致了交易的不公平性。正如费孝通先生 50 年前所说:"陌生人所组成的现实社会是无法用乡土社会的习俗来应付的。"①

5.3 迈向市场的交易秩序

F. A. 冯·哈耶克认为,市场经济或市场导向的人力资本产权交易秩序之所以成为一种最有效率的经济秩序,是因为这种秩序能够通过个人选择最充分地利用每个运动员所拥有的资源或"知识",并能促使运动员最充分地行使人力资本产权的自由选择权和决策交易权②。市场导向的交易秩序与计划或传统的交易秩序最大的区别是,它是一种建立在个人选择(依靠价格机制)基础之上的经济秩序。在市场经济条件的影响下,经纪人根据运动员人力资本产权价格体系的变化自动地做出了更多或更节约地利用某种资本产权的决定,而价格体系运转所需要的知识很经济,参与这个体系的运动员只需掌握很少的信息便能采取正确的行动③。

自 1992 年底国家体委召开中山会议提议进行体育体制改革以来,竞技体育体制发生了明显变化,推进了运动员收入分配制度的变革。彼时,社会资本也已跃跃欲试地想要通过市场来开发蕴含在运动员身上的巨大经济价值④。运动员在劳动中的生产方式决定了其收益的分配方式,当前主要有为国家和为资本服务两种形式。运动员为国家服务,主要是代表国家参加比赛,以及其他为国家争光的社会活动,其人力资本收入以按劳分配为主。1993 年党的十四届三中全会提出的"促进我国企业产权制度改革"政策,促进了人力资本所有权主体的单一产权模式向多元化转变,为运动员人力资本产权制度的创设与完善提供了良好发展环境。1994 年,国家体委颁布的《事业单位工作人员工资制度改革方案》中提出的体育津贴加奖金制决定了为国家服务的运动员的收入主要包括基本工资、体育津贴及奖金三个方面。国家体委于 1996 年下发的《关于加强在役运动员从事广告等经营活动管理的通知》中提出"在役运动员的无形资产属国家所有。因

---

①费孝通. 乡土中国 [M]. 上海:上海人民出版社,2013.
②F. A. 冯·哈耶克. 个人主义与经济秩序 [M]. 邓正来,译. 北京:生活·读书·新知三联书店,2003.
③王茜,王家宏. "融合型"运动员人力资本产权归属配置问题的法律研究 [J]. 体育科学,2019,39(1):61-75.
④邹月辉,崔国文. 我国运动员收入分配制度的演变与完善 [J]. 南京体育学院学报(社会科学版),2014,28(3):105-109.

此，在役运动员必须经组织批准，方可进行广告等经营活动"，该政策奠定了运动员人力资本产权公有化的基础。运动员为资本服务，主要指参与商业性活动，即为企业带来经济效益的活动。随着部分项目职业化改革程度的加快，运动员无形资产的经济价值日益剧增，其人力资本作为生产要素应以商品的形式通过市场来优化配置的方式决定其人力资本的收益按要素分配为主。国家体育总局于2001年下发的《国家体育总局关于运动管理中心工作规范化有关问题的通知》明确了运动员广告收益分配的原则与比例，奠定了为资本服务的运动员收入结构向基本工资、训练津贴、出场费、奖金与代言转变的基础[①]。我国运动员人力资本收益权的激励功能逐渐被激活，其收益分配形式逐渐向按劳分配和按要素分配并存过渡。

2003年，党的十六届三中全会确定了"建立归属清晰、权责明确、保护严格、流转顺畅的现代产权制度"。由此可见，每个运动员只有被赋予独立的权利和义务，才能保证运动员人力资本产权在自由合意的情况下做出交易的决策并承担责任。2006年，国家体育总局下发的《关于对国家队运动员商业活动试行合同管理的通知》中提出，"对多数运动项目而言，运动员的无形资产的形成，是国家、集体大力投入、培养和保障的结果，同时也离不开运动员个人的努力……要保障国家队训练竞赛任务的顺利完成，同时依法保障运动员的权益"。体育相关部门不断加强对运动员商业活动的引导和管理，对开发体育无形资产和实现运动员自身价值有重要意义。运动员人力资本产权各项权益逐渐完善，标志着其制度创设取得了实质性突破，运动员可以共享其人力资本产生的经济效益，且国家已认同运动员人力资本产权的私有性，并开始尝试建立私有化与国有化并存的现代化运动员人力资本产权制度。

市场导向的交易秩序是一种能够不断扩展的人类合作秩序，可以将全人类纳入分工合作的秩序。市场经济或市场导向的运动员人力资本产权交易秩序，不再基于熟悉关系和特定身份，陌生人之间完全可以交易。基于尊重交易双方利益和权利的原则，以统一的规则进行交易。此外，人类合作秩序之所以能够不断扩展，是因为建立了一个共同交易秩序的基础——普遍主义的法治。普遍主义的法治的核心是对相互利益与权利的尊重。因此，运动员人力资本市场导向的交易秩

---

① 郑李茹，田学礼. 我国国家队运动员无形资产开发权问题研究[J]. 南京体育学院学报（社会科学版），2009，23（5）：15-18.

序就是在普遍主义法治基础上由一整套统一的交易规则所组成的交易秩序。

综上所述，前文刻画了我国正在发生着的经济社会和运动员人力资本"交易秩序"的转型图景，呈现出由计划、传统的交易秩序向市场导向的交易秩序的变动。计划的交易秩序表现为集体控制和服从的交易秩序，传统的交易秩序表现为日常互动关系所限定的特殊主义基础上的人格化交易。市场的交易秩序是建立在个人选择基础上的交易秩序。尽管三者有着各自不同的交易秩序，却构成了计划经济、传统经济和市场经济的共同特征。运动员人力资本产权完成了公有化主导—私有化觉醒—私有化与公有化并存的转变，宏观经济体制改革为运动员人力资本产权交易秩序的创设与完善提供了良好的发展环境。市场不再仅是自然物的交换场所，而是逐渐成为人与人之间以经济活动为中心的交易平台。为了顺应宏观经济体制改革，以及竞技体育职业化改革需要，以促进体育人才的合理配置，需要进一步研究运动员人力资本产权交易秩序得以良性扩展的必要条件和关键问题。

6 运动员人力资本产权交易秩序的实地考察

6.1 运动员人力资本产权交易秩序的现状审视

目前，我国运动员人力资本产权交易秩序主要包括专业运动员人力资本产权交易秩序、职业运动员人力资本产权交易秩序和运动员经纪的秩序三部分，以下将从现状审视、问题挖掘和原因剖析三个层面来对这三个部分进行考察。

6.1.1 专业运动员人力资本产权交易秩序现状

专业运动员群体的出现是我国计划经济时期体育发展的产物，这一历史时期中政府扮演着控制与分配有限资源的角色，专业运动员通过参与各级政府所设立的体育工作队进行专项技能训练，担负为集体夺取比赛胜利、展示民族精气及促进群众体育开展的主要任务。国家在专业体育工作队运转与专业运动员成长中所具有的主导地位也决定了计划经济时期竞技体育的公共事业属性[1]。而随着我国计划经济逐步向市场经济的推进，举国体制面对新时期市场要求的冲击，出现了两者不相适应的局面。对于专业运动员来说，在必须遵守体制规则的同时，又受到来自商业市场的巨大诱惑，人力资本产权分配、使用与收益问题逐渐显现。围绕专业运动员人力资本的权力与收益分配，产权所表达的是包括运动员本人、国家等在内的多元投资主体间存在的经济所有制关系[2]。专业运动员人力资本来源于其从事的竞技非实物性劳动实践中，通过学习、训练、参赛等方式形成的依附于运动员自身的运动

---

[1] 钟秉枢，梁栋，丁立贤，等. 社会转型期我国竞技体育后备人才培养及其可持续发展 [M]. 北京：北京体育大学出版社，2003.
[2] 许延威. 我国专业运动员人力资本产权交易制度研究 [J]. 北京体育大学学报，2014，37（12）：27-33.

技术、技能、体能、智慧，是由此产生的社会声望、认可度与知名度等能够对收益产生积极影响的资源集合，代表着一名运动员在体育参与中的生产能力。通过将这些资源进行买卖、转让、租赁等不同程度的交易所形成的经济效益、商业价值称为运动员人力资本价值。而根据权能分割理论，专业运动员人力资本产权是包括所有权、使用权、收益权等在内的一组权力束[1]。这表明了存在于人力资本载体与投资者之间的权益博弈关系。实现专业运动员人力资本优化配置是追求人力资本价值最大化的基本前提，由帕累托最优资源配置原理可知，市场选择机制能够推动人力资本向更高效与更有效的方向转移，从而达到人力资本收益最大化[2]。

因此，专业运动员在由计划培养模式向市场化培养模式过渡的过程中，市场主体间的竞争关系与交易选择是向着发挥专业运动员人力资本最高生产效率方向发展的，旨在通过运动员人力资本产权市场流动，实现产权主体效益最大化。逐步优化的市场环境助推了各主体对产权流动诉求的高涨，但是，传统管理体制与新市场环境的矛盾、社会需求与政治需求的矛盾，以及简政放权与运动项目社会化进程受阻的矛盾，阻碍了专业运动员人力资本产权交易市场的进一步发展。在计划经济体制下，运动员的流动受到多种因素的限制。随着市场化进程的加快，运动员的流动范围不断增大、流动速度不断加快。在社会转型期，体育体制改革落后于经济政治制度改革，使竞技体育发展出现了地区性不平衡，也使运动员的流动与交易遇到了很多困境。

6.1.2　职业运动员人力资本产权交易秩序现状

职业运动员人力资本市场作为职业体育市场的核心内容，其价值日益凸显。职业运动员交易市场的高质量发展，对培养优秀职业运动员、提高我国竞技体育水平、实现体育强国战略目标具有重要作用。然而，新时期我国职业体育运动员人力资本市场仅有快速扩张的市场规模，却缺少与时俱进的市场规范制度，导致我国职业运动员人力资本问题频发。例如，各投资主体间利益分配不均而引发的经济纠纷、运动员产权关系错位与重叠而引发的行政垄断、市场经济下运动员市场交易失效而导致的公平缺失与激励失效等问题，这些问题破坏了体育交易市场的良性运行，影响了体育市场经济的健康发展。运动员人力资本市场是职业体育

---

[1] 李海，万茹. 运动员人力资本产权的本质与特征［J］. 北京体育大学学报，2007（7）：879-880, 886.
[2] 黄乾. 论人力资本产权与有效利用［J］. 经济纵横，2002（10）：45-49.

市场中一个特定的社会空间，它以市场契约为条件，是运动员人力资本载体与运动员人力资本的使用者——职业体育俱乐部双方进行双向选择、产权交换的场所和空间，是运用市场机制调节运动员人力资本供求关系的组织形式。职业体育制度本质是市场经济，投资主体进入职业联赛是一种市场行为，应该在公开、公正、公平的规则前提下保证投资主体实现利益最大化。然而，由于我国单项体育协会实体化改革停滞不前，现在的职业体育组织管理机构（单项体育运动项目协会或运动项目管理中心）很多时候扮演着"二政府"的角色，多采用行政官僚化的管理方式，容易造成以下问题。一方面利益本位主义突出，垄断职业联赛冠名、广告、赞助等权益，用行政特权与俱乐部争利，造成权力越轨；另一方面又用行政特权来处理俱乐部之间的利益矛盾，造成权力越位。

从职业运动员人力资本市场的发展、运作与演变来看，职业运动员人力资本交易已形成一种经营惯习，市场主体自身拥有的各种资本，尤其是社会关系资本已融入庞大的运动员人力资本市场群体中，这是市场主体与市场同质双向建构的市场现象。因此，用市场场域理论来理解职业运动员人力资本市场结构，不仅能体现"场"中有鲜活主体，以及主体之间竞合共存的关系；还能体现市场本身的功能和意义，以及市场政策制度的变化。按照市场场域理论的主要内容，职业运动员人力资本市场结构的失序表现主要包括主体、客体、时空三个方面（表6-1）。

表6-1　职业运动员人力资本市场结构的失序表现

分类	主要表现	相关事件
主体方面	运动员与单项管理中心	2021年郭艾伦抗议罚款过重，与篮协发生矛盾
	运动员与俱乐部	2021年周琦与新疆队的合同纠纷，导致其退出CBA
	单项管理中心和俱乐部	2021年天海向申花追讨转会费，导致足协与俱乐部产生矛盾
客体方面	运动员经济纠纷	2019年10月大连千兆足球俱乐部涉嫌长期拖欠运动员薪酬事件
	扭曲的价格交易	2020年国安花费5000万从辽足引进胡延强
	不均衡的利益分配	2016年宁泽涛与游泳运动管理中心因商业代言发生利益分配冲突
时空方面	运动项目市场化程度不高	网球、排球市场化程度不高
	职业化程度不同	乒乓球、羽毛球职业化程度不同
	契约交易中的契约精神欠缺	2018年孙杨领奖服事件

6.1.3 运动员经纪市场交易现状

党的二十大报告中指出,要构建高水平社会主义市场经济体制。在此背景下,体育产业结构升级转型、发展体育服务业已成为政府、社会共同发展的目标。加之近年来,中超、CBA等职业赛事开展得如火如荼,46号文件的发布更是将体育产业化发展推至巅峰。体育服务业作为体育产业中的"矮个子"被强调要重点发展。相较于传统行业而言,体育服务业对人力资源数量和质量的需求更高。体育经纪人作为体育服务业最重要的构成部分,其发展对体育服务业的发展具有巨大的增幅作用。体育经纪人的参与,能使交易双方资源达到最大化,利益分配也能达到帕累托最优。随着体育体制改革的不断深化,原本阻碍体育经纪业发展的因子被不断弱化,政府部门逐渐建立体育经纪人资格认证制度,培养了一定数量的体育经纪人才,为体育经纪人与经纪活动的发展创造了良好的外部环境。在我国计划经济体制下,运动员培养采取"一条龙"的三级训练网机制,即青年运动员经过自身的努力获得人力资本的提升,并通过垂直流动的方式,从初级学校训练队进入专业的体工队再进入国家队。这种特殊的培养机制决定了运动员的培养、使用、收益、处置均由国家统一安排,不需要专门的经纪人来对其技能发展和商业开发进行系统规划。与此同时,由于我国体育市场化和商业化发展较晚,运动员经纪市场的发展还未形成规模,运动员经纪人数量不足、业务能力较差等现象仍未得到改善。在运动员转会的外部大环境还未得到改善的影响下,转会制度尚未建立、运动员尚未获得自由流动的权利、运动员产权归属不清等因素导致经纪人的收益较少,严重影响了运动员经纪市场的发展。根据调查数据显示,截至2022年,我国注册与国家体育总局人力资源部的运动员经纪人仅2500人左右,其中拥有国际经纪人执照的人数更是寥寥无几,远远无法满足我国竞技体育职业化发展的需求。以下将从需求端、供给端、市场环境三个方面来分析当前我国运动员经纪市场的现状。

6.1.3.1 需求端——行政管理体制的影响

我国运动员经纪业的发展程度与竞技体育职业化改革的程度密切相关,长期以来,运动员的转会受到较大束缚,加之转会频率较低,限制了经纪业务的开展空间。当前我国运动员的发展模式采取的是"一条龙"的三级训练网,因此运动员的转会问题情况复杂,导致经纪人难以介入。以孙杨为例,伦敦奥运的辉煌战绩,让孙杨这个名字家喻户晓,时至今日关于孙杨的热度依然只增不减。但无论是论坛、互联网还是微博话题,与孙杨这个名字并存的既有无数赞誉,也有一些负面新闻。而且,在商业活动、日常生活或训练时,难免会发生一些紧急状况,但由于相关管理人员缺乏新媒体环境下运动员形象传播的风险管理防范应急措施,孙杨有时会被置于流言蜚语之中,进而出现情绪低落、训练积极性不高的现象。当孙杨强烈要求能够通过经纪公司组建"扬之队",全面负责自己的生活、训练及商业活动时,政府部门担心,如若与运动员经纪人合作,便会造成商业活动和训练活动的冲突,会严重影响运动员的训练成绩。政府部门对运动员经纪的严格把关,在一定程度上影响着运动员经纪业的发展。

6.1.3.2 供给端——优秀人才稀缺的羁绊

近年来,随着竞技体育职业化发展进程不断加速,以及运动员产权意识的不断觉醒,利益相关者都希望能够实现运动员商业价值和成绩资本的最大化,但是在利益最大化的过程中却缺乏专业人员的运筹,导致我国运动员的商业价值无法得到充分开发。通过对中美运动员价值开发的手段和途径进行对比发现,造成这种差距的主要原因是专业运动员经纪人数量的稀缺。有关专家曾经预测,未来十年我国需求的经纪人数量为7000人,而当前具有资格的经纪人数量仅为2500人左右,可见当前经纪人数量的发展根本无法承受运动员价值开发的重任。造成这种现象的原因主要来自以下两个方面:一方面,运动员经纪人培训的机会少,费用昂贵。我国体育经纪业起源于20世纪80代,90年代开始发展。从体育经纪业发展历程来看,近年来,我国虽开展了一系列的经纪人培训,但总的来说,培训的机会仍然较少,且培训种类单一。通过调查发现,体育经纪人培训的费用较为昂贵,维宁体育组织的经纪人培训(三级)社会人员的费用为9800元,学生的费用为6800元;众辉体育组织的经纪人培训(三级)的社会人员费用为7900元,学生的费用为5000元。这对薪资水平较低的社会人员而言是一笔昂贵的投资,这样会影响体育经纪人事业的发展。另一方面,运动员经纪人专业水平较低。当前我国现有的运动员经纪人专业能力不高,而且专业结构不齐。因就业需要,许多医学、法学、管理学、经济学、社会学等非体育专业的人员会选择从事体育经纪,而这些人对我国特殊的运动员培养体制、体育运动的相关知识知之甚少,这会造成体育经纪市场交易秩序的紊乱,导致政府人员对体育经纪人信任度降低,使体育经纪业的发展更是举步维艰。

6.1.3.3 市场环境——政策环境缺失的束缚

运动员经纪业要想得到良好发展，就离不开政策制度的保驾护航，无论是体育产业还是体育服务行业，其发展都应该建立在公平、公正的环境中。随着竞技体育职业化与商业化发展不断加速，运动员在转会、交流及商业活动过程中出现了一系列问题，为维护运动员经纪业公平发展的秩序，政府需要对体育经纪人发展的体制、机制与制度政策实施系统谋划。当前，我国体育法制化建设过程中权威性最高的法律为《中华人民共和国体育法》（以下简称《体育法》）。此法律虽然对体育经纪有所规定，但是却只是在枝梢末节中有所影射。而对于体育经纪事业的发展而言，在发展的进程中需要更加翔实和具体的政策支持。为了更好地规范和完善市场交易秩序，国家工商总局于2004年制定了《经纪人管理办法》，保障了经纪人的合法权益，为经纪业的发展创造了良好的政策环境。但是此办法面对的范围较广，表述较为笼统，缺乏针对性和专业性，因此，对体育经纪人发展的建设性意义较差。近年来，地方性体育经纪业大力发展，如北京市、上海市、浙江省、广东省等经济发达地区的政府部门陆续颁布了具有地方特色的政策制度——《体育经纪人管理试行办法》，在一定程度上保障了各地方体育经纪业的发展。但是，运动员的交易、转会及商业活动并非仅局限于当地区域，而是在全国范围内寻求机遇，适时流转。所以，当前各地方出台的地方性政策，满足不了全国性体育活动的发展，各政策之间的差异甚至会造成运动员交易过程中的争议，导致管理混乱和一些经济纠纷的出现。

6.2 运动员人力资本产权交易秩序的问题挖掘

6.2.1 人力资本开发制度滞后

制度是指人们在社会活动行为中所共同遵守的行事规程或行为准则。市场作为一种社会的组织方式，其存在是正式制度与非正式制度的一种"共知识的契约形式"，是一种社会的组织模式，也是一种"建构的游戏规则"和"虚拟秩序"中的制度结构存在。我国专业运动员人力资本积累与开发模式处于摸索与转型期，这与我国专业运动员培养模式的变迁是同步的。改革开放初期，我国借鉴苏联竞技体育发展经验，对财政、人力等资源进行统筹分配与集中使用，用于支持具有突出运动能力及有较大希望夺取比赛优胜的顶尖运动员群体训练与比赛，诞生了举国体制的竞技体育发展模式。得益于权力与资源的集中管理与高效利用，竞技体育事业步入发展快车道，在短时间内取得瞩目的进步，迅速跨入世界体育大国行列。这种完全意义上的"公家"模式下，专业运动员人力资本的发掘、积累与开发均是在政府主导下进行的，不论是三级训练网体制，还是"体教结合"开发形式，从投入至收益分配，国家都扮演着主导角色。例如，世界著名110米栏运动员刘翔，作为体制内成长起来的优秀代表，其人力资本的积累与开发，除了依附于运动员自身的天赋、时间、精力等，其他一切投资均由国家体育总局田径运动管理中心负责，当然也包括其成名后的商业开发与收益分配。而随着我国社会进步与转型发展，竞技体育发展也发生了适应性改变，运动员培养模式从计划经济时期的举国体制衍生出了"体教结合培养模式（高校培养模式）"，出现了从专业运动员在竞技舞台上一枝独秀到学生运动员初露锋芒的变迁。这种模式是对传统国家培养模式的完善与补充，也是避免高水平运动员低学历、低素质的重要改善环节，为运动员增加了一个"学生"的身份，当然也增加了"高校"这一产权主体。而随着国家实施竞技体育职业化的实践，在一些市场适应性较强的项目的职业联赛快速发展，形成了"国家+俱乐部"的混合培养模式。国家培养模式下成长起来的优秀专业运动员，参加职业联赛的同时兼并着国家比赛任务，如CBA、乒超、中超联赛等，都有相当数量的专业运动员和学生运动员参与。由此，也不难发现，我国专业运动员培养在市场化经济发展的浪潮中，在培养模式不断完善与适应社会发展的过程中，形成了运动员人力资本诸多产权主体之间复杂多样的利益关系。

在职业运动员人力资本开发制度中，国家的体育体制与法律法规是其中的关键因素。首先，"举国体制"的人才培养模式影响人力资本发展。经济学中的职业运动员人力资本市场是指相互联系、合作和竞争的各个主体之间的生产结合，通过契约式的有组织的互动行为，形成具有自身特色的经济运行系统。因此，国家、俱乐部等主体需要相互合作、互动才能实现市场稳定规范运转。而我国是"举国体制"，是为实现国家目的，集中调动全国力量发展竞技体育运动，以国家机构高度统一管理的体制。运动员一旦进入体制内，人力资本流动便会受到影响。例如，田亮被国家游泳队除名，原因是他在没有获得国家游泳管理中心的同意便私自、频繁地参加各种商业活动，影响了日常训练。其次，法律法规的缺失。一个稳定的市场是由产权、治理结构、交换规则及控制观所建构的，而我国职业运动员人力资本市场的运动员产权归属划分、管理权力划分及市场治理结构的规则缺失，导致了市场结构的失序。一是职业运动员产权归属划分的法律依据缺失。现阶段，我国在人力资本方面出台了《劳动合同法》《人权法》《物权法》，但就职业体育人力资本产权归属方面的法律法规和管理政策尚不明确。转会是运动员人力资本产权归属流动的主要形式之一，在转会过程中运动员人力资本产权的归属者发生变化，主体之间为获取自身更大的利益，争夺运动员人力资本产权归属，如足球职业体育联赛会因为运动员转会而出现纠纷。二是资本与政府之间权、责、利划分的法律依据缺失。多元的产权主体是职业运动员人力资本形成及交易的一大特点，社会资本和体育行政管理部门是权利和政治的两个代表，这两个代表往往会在以体育竞赛作为市场表现形式的过程中发生利益冲突和法律纠纷。三是运动员人力资本市场结构治理缺少法律依据。职业运动员人力资本市场的经济活动和利益关系错综复杂，职业运动员人力资本产权交易的要求越来越严格。但是，职业体育改革相关的法律法规仍有很多缺失。目前，我国职业体育市场现有的经济法规——财产权法、市场主体法、市场规制法等均有待完善。如职业体育俱乐部出现无力经营，面临破产之时只能依据现行的《破产法》，但其调整的对象只涉及国有企业，针对像职业体育市场俱乐部的社会资本并不适用，一旦俱乐部宣布破产将无法对其规范处理。

6.2.2 政府行政部门管控过多

自确定以举国体制来发展国家竞技体育事业以来，行政参与成为提升国家竞技实力的重要力量。2010年颁布的《国家中长期人才发展规划纲要（2010—2020年）》对新时期人才工作提出要规范政府干预行为的要求，克服制度变迁遗留的行政化与"官本位"倾向，推动人才管理机构的进一步简政放权。行政权力往往控制着一个领域的决策权与制度优势，因此，去行政化不只是一种行为问题，更是深层次上的利益合理分配与权责行使的规范化。在体育领域，单项体育协会改革是为了解放思想、转变观念，探索管理模式创新。但在实际运行中，政府作为协会发展指导单位，在人员任免、财政支持、物资供应等方面有一定的话语权。同时，协会自治能力不足，运行秩序混乱，出现了协会管理体制与决策运行的行政化。而运动员作为协会管理工作的主要对象，训练参赛、社会活动及商业开发显然是难以脱离行政体系的。以1956年成立的中国篮球协会（以下简称篮协）为例，根据组织章程中"本会是代表中国参加国际篮球联合会的唯一合法组织……培养篮球专业人才，制定运动员、教练员、裁判员、经纪人等有关人员的管理制度、培训计划并组织实施"的描述，篮协应在运动员培养、转会及商业开发中发挥主导作用，但实际上国家体育总局篮球运动管理中心却负责运动员相关事务，承担篮球人才培养、参赛及商务开发等工作。传统的管理方式难以融入我国发展市场经济的道路，也违背了国家关于人才管理"市场主导、政府调控"的指导精神，导致我国专业运动员人力资本积累与开发难以适应转型期市场化的要求，从而出现产权主体关系混乱、权益分配争议事件的频发，严重破坏了我国竞技体育事业的生态发展。

职业运动员人力资本市场的关系结构是由我国体育管理部门、职业体育俱乐部及运动员组成的。在职业运动员人力资本市场关系结构中，体育管理部门权力的交叉错乱与运动员产权归属的划分不清是造成我国职业运动员人力资本市场结构失序的主要原因。职业运动员人力资本市场中最大的权力部门是国家体育总局和各单项管理中心，他们拥有我国最高的体育组织管理决策权。首先，职业运动员人力资本市场社会结构混乱是因为体育管理部门权力交叉，主要表现在两个方面。一方面，我国的体育单项管理中心脱胎于计划经济体制下的政府部门，仍然带有强烈的行政部门痕迹。它不仅要负责体育政策的制定、我国竞技体育水平的提高，还要对职业体育俱乐部进行监督指导并参与管理体育市场的经营。另一方面，我国体育体制改革尚处于待完善阶段，我国运动员人力资本市场的权力部门对市场干预过度，以及调控范围过大，阻碍了维持市场稳定的内部调节机制，致使体育与管理资源无效率配置。例如，2004年，北京奥神职业篮球俱乐部（以下简称奥神俱乐部）拒绝运动员孙悦参加U20国家男篮集训，被中国篮协取消注册资格。这一事件的根本原因是管理部门职权交叉，俱乐部是社会资本，篮球管理中心是行政部门，均对运动员有管理权限，所以奥神俱乐部认为，中国篮协不应该对其进行处罚。其次，运动员人力资本权力划分不清。运动员人力资本产权本质上是社会经济关系的反映，在运动员人力资本产权形成的不同阶段，其投资主体也不相同。在运动员培养的初期，其人力资本主要依靠家庭投入的资金和精力进行前期积累。在运动员成长阶段，以国家的运动技能训练投入为主。在运动员成熟阶段，主要依靠社会资本投入，挖掘开发运动员人力资本的商业价值。可以看出，三个投资主体对职业运动员人力资本的形成都起到了至关重要的作用，主体之间围绕运动员人力资本而产生了各种联系。职业运动员投资主体有复杂性，在运动员人力资本交易过程中，政府、社会和市场为自身利益相互博弈。随着运动员收入的多元化，我国运动员和体育单项管理部门会因运动员无形资本的开发利用获得的利益不一致而发生纠纷，这些问题归根结底都是运动员人力资本产权归属界定不清而造成的。

6.2.3 运动员人力资本结构欠缺

市场的建构结构是从市场主体的"行为惯习"出发理解的，而市场被建构的过程是一种测量市场社会结构本体论的维度。行为惯习是铭刻在特定市场社会结构里的行动者身上的，蕴含着行动者的思考、感觉和行为策略。

我国专业运动员培养模式在适应时代环境的演变中，越来越多的主体参与人力资本积累与开发各个环节，与以往单一的培养模式相比，多样化的专业运动员培养模式决定了人力资本积累过程趋向复杂。举国体制下，运动员竞技能力培养采用的是自下而上的"体校、地方运动队、省队、国家队"分层级训练模式，每个层级都有特定的阶段任务，运动员在层级之间进行"垂直化"的流动，形成了运动员与政府的"利益共同体"。而随着市场经济对体育体制影响的深入，我国专业运动员培养模式在举国体制的基础上又演变出"高校培养模式""国家+俱乐部"模式等。运动员作为竞技体育发展主体贯穿着整个人力资本积累过程，而随着训练、比赛及商业开发的深入，政府、高校、企业等投资主体的逐渐加入，人力资本积累过程复杂化造就了繁复的产权主体关系。作为多层次的职业运动员人力资本市场，良性契约精神的缺失及运动员身价泡沫极其严重造成了我国职业运动员人力资本市场结构的失序。首先，良性契约精神缺失。职业运动员人力资本要素市场以市场契约为条件，在运动员交易过程中，运动员人力资本承载者与俱乐部或社会资本达成合作意向后，会以合同的形式签订契约，合同内容包括双方在合作期间的权力，保证条款的规定、违约条规、双方的利益分配等。职业运动员与各个主体之间进行谈判签约，是劳动双方之间对双方权利、义务达成共识的一种契约。契约的建立不仅可以为职业体育俱乐部录用、培训、管理、奖惩运动员设立一整套严密的衡量标准，还可以为职业运动员的工资、医保等提供保障。但目前，我国职业体育领域契约精神一再被打破，契约双方的权利与义务无法得到保障，从而出现了一些违约行为。例如，2013年广州恒大俱乐部球员巴里奥斯单方面违反契约合同，无故缺席训练与比赛，并在社交媒体发表不负责任的言论，因此，恒大俱乐部上诉国际足联，最终以球员巴里奥斯向广州恒大俱乐部赔偿800万欧而告终。其次，球员身价泡沫极其严重。职业体育俱乐部在进行运动员人力资本交易过程中，希望新球员能够给自身带来最大化的经济效应，一方面希望新球员可以提高球队的竞技水平，从而提高门票、赛事奖金、转播等收入，另一方面希望利用新球员的无形资产增加俱乐部商业收入等。这些社会资本希望通过短期的运作迅速提升球队的竞技能力，如引入明星球员或国外当红球星，这就导致国内俱乐部对优秀运动员的需求增大。在中超进入金元时代后，各个球队疯狂引入外援，世界知名球星在利益的吸引之下，纷纷进入国内球队，导致国内转会费经历了过山车式增长。

6.2.4 运动员经纪市场空间不足

虽然我国的政策文件在不断促进体育市场化、社会化发展，但目前我国运动员经纪市场的发展仍然受体育体制的限制，如运动员人力资源受体制内管制难以自由流动、大多数运动项目市场化程度不高。举国体制的提出在我国体育事业早期的发展过程中具有显著的效果，但随着我国职业体育不断发展及市场资本注入，计划经济体制下的举国体制已不能满足当代体育经纪市场的发展需求，但脱离政府管制、肆意发展又会导致市场秩序的混乱，因此，优化抑制体育经纪市场发展的体育体制，走中国特色的体育经纪市场发展道路是很重要的。应坚持体育市场化改革的主线，使"举国体制"与市场经济相适应，以减轻权力场域对体育经纪市场空间的侵蚀。我国体育政府部门应当充分借鉴体育发达国家体育经纪市场的发展经验，做好政府角色转变。在运动员经纪方面，应制定相关利益者在职业运动员人力资本流动过程中责、权、利划分的依据，完善职业运动员自由转会制度。此外，制定体制内运动员职业化、商业化开发的相关制度，释放优秀运动员人力资本，扩大运动员经纪的空间。在体育竞赛审批方面，简化审批流程和手续，鼓励商业化体育竞赛的举办，扩大体育赛事经纪的空间。在职业体育俱乐部管理及运营方面，增加鼓励性政策，制定体育经纪组织名称使用权、赛事专有权及形象开发权等权力开发使用的相关制度，支持打造一批优秀的体育俱乐部、品牌联赛，扩大体育组织经纪的市场空间。

6.2.5 运动员经纪人才匮乏

经纪人是运动员经纪市场的核心主体，体育经纪人的专业素养是衡量一个体育经纪企业专业程度高低的核心要素。回顾我国体育经纪人和企业的发展历程，体育经纪的萌芽产生于市场经济的浪潮中，随着体育市场化改革的不断深入，以及国外体育经纪企业的入侵，我国体育经纪人和体育经纪企业的数量不断攀升，体育经纪市场的主体由体育经纪人转变为综合能力更强的体育经纪企业。随着体育经纪市场体育赛事法律事务，以及保险业务和资产评估等专业性业务的开展，越来越多的体育经纪企业意识到了体育经纪人才的重要性，开始大量吸纳经济、法律、公共关系、市场策划与营销等方面的人才。我国体育经纪人是体育市场化改革的产物，他们能够挖掘运动员的商业价值、促进体育竞赛活动的举办，是促进体育市场上下游资源互动、信息交流的枢纽和催化剂，更是打造我国品牌化企业、走向国际体育市场的关键点。在经济全球化的今天，国际竞争趋势是不可避免的，我国体育经纪组织唯有加强其专业竞争力、打造品牌、扩大品牌知名度才能在激烈的体育经纪市场中占有一席之地。

6.2.6 运动员人力资本产权保护较弱

通过研究分析发现，致使运动员人力资本产权制度缺位的原因主要有以下两个。一是制度短缺。运动员在其人力资本形成的过程中投入了体力与智力等，因此其作为产权主体，在承担为国争光义务的同时，他们的相应权益也应得到认同。但遗憾的是，当前在运动员人力资本产权及其相关方面的政策法规建设仍处于真空状态，现有的规章制度中用以维护运动员权益的政策条例也寥寥无几，甚至连国家体育法律体系中最高层次的规范性文件《体育法》对运动员人力资本产权相关内容也鲜有涉及。二是制度僵化。制度经济学认为，制度只有在特定条件下才能发挥其比较优势，若简单地将这种比较优势定义为永久优势，便会产生制度僵化。在我国，运动员举国培养体制是特殊历史时期的产物，为当时我国体育事业的发展带来了无上荣耀。但随着时代的变迁，举国培养模式赖以生存的社会背景产生变革，原有的政府包办模式已无法适应当前竞技体育市场化发展的需求。最为明显的是，虽然1996年国家体委下发的《关于加强在役运动员从事广告等经营活动管理的通知》已在2006年被废除，但在很长一段时期内，其中"在役运动员的无形资产属国家所有"的条例仍被沿用，既违背了人力资本理论中人力资本产权天然归属个人的论点，又与《劳动法》尊重和保护人权的精神背道而驰。

纵观运动员人力资本产权制度演进历程发现，在竞技体育职业化改革之后，运动员双轨制的培养模式造就了产权交易与流转方式的差异。对专业运动员而言，传统的培养模式决定其不能根据市场的需要进行配置，且带有浓厚的计划经济色彩的注册制度限制了其自由流转,如《全国运动员注册与交流管理办法(试行)》中提出"运动员参与国家体育总局主办的全国综合性运动会和全国单项比赛,应代表具有注册资格的单位进行注册"的条例,表明运动员若想参加国家比赛必须要与注册单位签署代表资格协议方能进行注册参赛。此时,具有注册资格的单位利用政策优势与运动员签订长期的代表合同,以此垄断运动员人力资本的各项权益,进而扰乱运动员人力资本市场的正常交易秩序。对职业运动员而言,竞技体育市场化改革奠定了其可根据市场的需要进行配置的基础,但在配置的过程中,由于运动员人力资本的高淘汰率与稀缺性,供需矛盾日益突出。我国大多数俱乐部的投资主体为公司企业,其为了追求广告效益舍弃经济利益的最大化而追求获胜的最大化,造成了各俱乐部之间的过度竞争。例如,2016赛季中超俱乐部平均成本从3.87亿元增至6.88亿元,增长率高达78%,其中人工成本占比较高,致使运动员人力资本的使用价格明显高于其使用价值,进而扰乱了职业运动员正常的市场交易秩序。

6.3 运动员人力资本产权交易秩序的致因剖析

6.3.1 管理机制不健全

举国体制实施以来,政府利用行政手段长期掌握着绝对的"权威性资源",倡导为国争光的体育管理制度。传统计划经济中,一方面国家作为能动者将运动员看作客体进行管理;另一方面运动员国家产生依赖,离开了国家,他们的日常训练、吃穿住行都无法得到保障。随着我国社会经济体制的变革,计划经济时期形成的传统运动员管理体制、运行机制与社会经济体制大变革下的市场发展需要已逐渐不相适应。市场经济的发展需要促使运动员的商业价值、社会影响力逐渐凸显,在多元投资主体与运动员自身利益的驱动碰撞下,产生了运动员个人与管理体制之间的矛盾,如个人与国家针对运动员人力资本交易后的产权归属不明确而展开的博弈。现阶段,无论是"计划型"运动员,还是"融合型"运动员,专业运动员始终是我国竞技体育发展过程中的核心生产要素,因此,要在保证运动员刻苦训练的基础上,遵循竞技体育市场化的发展规律,在原有管理体制的基础上"简政放权",将运动员下放到市场。我国经济体制改革始终围绕着如何处理好政府和市场的关系来开展,政府与市场的关系,实际上就是哪一方在资源配置中起到决定性作用的问题,资源的合理配置是建立在良好、完善的管理体制之上的，因此，要在坚持举国体制的基础上，建立与社会主义市场经济相适应的运动员人力资本交易制度，逐步形成"放""管"结合的管理策略。首先"放"：政府要适当下放运动员人力资本的开发权利，由下属运动单位（运动项目管理中心）与投资主体方牵头，规范合同流程，在满足各方条件的基础上，提升竞技体育市场化发展需要；其次"管"：在"放"的基础上，加快我国体育经纪人事业发展，建立国家专业运动员商业开发管理机构，尝试与运动员经纪机构联合，完善相关政策法规，既要保障各体育部门行政能力和管理服务水平适应当前社会市场经济发展的需要，又要提高运动员人力资本产权这一"稀缺性"资源的商业价值。政府不要当"运动员"去上场比赛，而是要制定比赛规则，扮演好"裁判员"的角色，维持好"比赛"的秩序。

6.3.2 交易制度不完善

长期以来，我国的体育产权制度是一种以国有产权为核心、以政府的行政管理为主导的制度，这与传统的计划经济体制是相适应的[1]。国家能动者和运动员能动者尚属利益争议的两大主体，从法律关系来看两者之间存在差异，一方是利用行政手段，掌控着绝对权威性；另一方是其人力资本的第一产出者和"劳动者"，即人力资本的载体和依附者。当前，我国《体育法》中涉及运动员人力资本交易的条款还不够清晰，其只通过签署相关商业活动合同来明确利益划分，而忽略了人力资本交易的法律本质。2006年，国家体育总局发布的《关于对国家队运动员商业活动试行合同管理的通知》中的国家队运动员商业开发合同（参考文本）第三条明确规定：商业开发收益由协会或管理中心统一收取，并根据国家体育总局有关规定，按照双方约定的比例进行分配。《宪法》中写道："公民的合法私有财产不受侵犯"，公民财产权的保护在《宪法》上的地位，反映了一个国家对人权保障的重视。随着社会经济体制的转变，运动员能动者地位逐步突出，虽其身份较为特殊，但作为中国公民，涉及的相关产权利益问题理应享受法律同等对待与保护，体育人力资本产权的制度界定理应建立在国家制定的法律法规保障内去完善。因此，当前运动员人力资本交易的管理条例也理应在《宪法》《民法典》《合同法》《体育法》等相关法律的基础上去完善。只有进一步加强运动员人力资本交易的法律保障，才能推进我国运动员人力资本交易市场高质量发展。

---

[1] 唐俊，姜君利. 体育市场化改革中的产权问题分析 [J]. 体育成人教育学刊，2003，1（4）：31-33.

6.3.3 激励机制不到位

在社会生产过程中，人的需求作为一种欲望总是无止境的，而用来满足人们需求的资源却是有限的。运动员作为人力资本的承载者，资本的形成都需要通过承载者本人付出健康、体力、精力、时间、天赋、机会成本才能形成资本[①]。在此基础上，伴随竞技体育市场化进程的不断发展，运动员与管理体制间的矛盾越发增多，分析其原因有以下两个方面：一方面是长期以来，运动员忽视了自身人力资本的开发，形成了一种"安于现状"的生活状态；另一方面是随着体育市场化进程的不断发展，运动员无形资产的衍生逐渐吸引了各投资主体的注目，在利益的驱动下，产生了打破常规的人力资本交易意识。比较典型的一个例子是职业足球运动员市场约束与激励制度的失灵。当前，在职业足球市场中，俱乐部停运退赛、职业球员讨薪等现象成为屡见不鲜的常态化趋势。2020 年 16 家俱乐部退出联赛到 2021 年 6 家俱乐部未获准入资格，包括中超卫冕冠军江苏队的退出，买方市场下俱乐部的违约使职业球员人力资本载体成为契约关系中的弱势一方。职业球员提请中国足球协会仲裁委员会的裁决结果只适用于业内，当争议纠纷无法通过仲裁委员会解决时，如俱乐部不继续在足协注册，则不受行业裁决书的限制，职业球员的权益缺少有效保障。此外，由于缺乏第三方的有效约束，部分俱乐部与职业球员签订的合同存在问题，如合同当事人就同一事项订立两份以上内容不相同的合同，为双方带来"利益"的同时也预示着风险。甚至为配合限薪令的落实，足协旗下的职业足球联盟筹备组在财务监管政策中要求 2021 赛季中超注册的一线职业球员需重新与俱乐部签署劳动合同，不但违背了契约精神，也违背了《劳动法》。职业球员人力资本要素市场中劳资双方一系列毫无规则现象的出现无疑是职业足球领域契约精神缺失的体现：一是职业球员人力资本产权交易主体对契约关系的不尊重；二是契约的履行过程中存在障碍；三是契约关系的建立和履行缺乏监管和保障。

6.3.4 监督管理不充分

随着市场经济的快速发展，人们追求财富的积极性被调动起来，不仅促进了

[①] 孙娟，翟丽娟. 我国运动员人力资本产权的性质分析 [J]. 体育学刊, 2009, 16 (4): 20-22.

人们的竞争意识，而且提高了社会的文明进步。但与此同时，有些人的欲望不断增加，选择用不恰当的方式追求个人权益。然而这一切的产生无可规避地是因为缺乏完善的"外控"机制。所谓"外控"机制是指以法治为基本特征，表现为各类制度的健全。道格拉斯认为，"制度是一系列被制定出来的规则、守法程序和行为的道德伦理规范，旨在约束追求主体福利或效用最大化利益的个人行为。"[①] 制度具有调节利益关系的功能，人的道德行为与制度具有相关性。但是当前在竞技体育中，因缺乏有效的监管处罚机制，对运动员、教练员的约束力、监管能力不足，部分体育行为主体偏离公认的体育道德规范，并采取不正当的手段获取胜利。因此，建立一套有效监管处罚机制极其重要。

6.3.5 保障机制不完备

专业运动员作为特殊性劳动群体，其人力资本具有积累长周期性与应用专一性特点。运动生涯背后是高昂的"青春成本"、较低的文化技能水平与狭窄的退役安置选择，因此，更加需要完善的保障机制来平衡选择竞技体育高昂的机会成本。目前，国家对运动员权益的支持体现在法律保障与社会保障两个方面。例如，在现有的法律政策文件中，《体育法》是维护运动员基本权利与人力资本产权交易秩序的基本法律依据。《运动员聘用暂行办法》（以下简称《办法》）制定了对优秀专业运动员包括工资待遇、社会保险、住房补贴，以及退役运动员转业安置、经济补偿与文化学习等社会保障内容。然而，研究发现，原有的制度建设已不能完全满足新形势下规范产权交易秩序的需要，且体育行政部门协调发展改革、财政、税务、人事、土地、能源等相关政府部门督促政策落地的能力较弱，有政策难执行或不执行的情况还比较普遍。虽然《体育法》历经20余年的发展内容趋于完善与全面，但是面对市场经济迅猛势头对竞技体育发展的冲击，仍表现出严重的制度乏力。这主要源于《体育法》中的条例表述较为宏观与模糊，针对性不足。例如，第四十六条对享受政策优待的表述："国家对优秀运动员在就业和升学方面给予优待"。享受优待是优秀运动员的基本权利，但是缺乏对运动员优待内容的进一步规范，并没有具体的实施标准与细则。对具体实施过程的控制仅体现在指导作用，并不能有效体现严谨、效力、权威的态势，不能为运动员合法享受优待权力及权力维护提供有效依据。例如，面临体育明星商业回

---

① 解彩霞. 道德失范的社会生产——基于现代性视角的反思 [J]. 科学·经济·社会, 2014 (1): 180-186.

报激增引发的产权收益纠纷事件的频繁发生,由于相关法律法规缺乏完善纠纷定性与解决机制,此类事件的处理存在滞后性并严重依赖行政手段,从而引发了运动员对自身权利保障的无力感。同样,在《办法》施行的 10 余年间,也暴露出了许多有关专业运动保障工作中的短板。例如,优秀运动员离开运动队后一部分人进入高校继续深造,但往往由于文化成绩的限制,依然要承担择业困难的压力。另外,政策所实行的聘任制及其保障的范围是处于国家整个运动员人才队伍"塔尖"群体,这是一种政策激励,但对于最终没有获取优异成绩的运动员来说,也付出了昂贵的成长代价,且对国家竞技体育事业付出了诸多努力,理应享受充分的政策保障。

7 运动员人力资本产权交易秩序构建中激励问题的理论与实证研究

运动员人力资本产权交易秩序构建的内在力量是动机。从社会学角度来看，交易活动不是孤立的，而是具有社会性的，会受到社会环境的评价和影响。运动员人力资本产权交易秩序的拓展，需要对运动员权利做出激励制度安排，从而为个体的交易活动提供有效激励。"激励"指强化与组织目标相契合的个人行为，其实质是通过设计一定的中介机制，以使个人与组织目标最大限度地一致，并能积极、创造性地开发人力资源。以下将在分析运动员人力资本产权交易的个体激励的基础上，深入探讨中国特色社会主义经济中运动员人力资本产权交易中薪酬激励的价值与功能，采用因子分析法及非参数检验法，构建我国运动员薪酬满意度维度结构，对薪酬满意度差异性问题进行实证研究，分析运动员薪酬的权变影响因素，进而研究不同权变因素对我国运动员薪酬满意度的影响。

7.1 运动员人力资本产权交易的激励分析

交易的实质是权利的转让，激励要兼顾保障运动员个人利益和社会利益的实现。激励机制应建立在运动员个人权利的社会认同基础上。运动员人力资本产权交易中，由于资源的有限性，运动员人力资本利益最大化的实现需要运动员发挥其主观能动性，这就需要个体激励的存在。下面从运动员人力资本交易的内部激励和外部激励两个方面分析建立和保护个人权利对交易的作用。

7.1.1 内部激励

运动员人力资本产权交易的内部激励来自"个人责任"观念的建立，即个人应对自己行为所造成的后果负责。对于经济交易双方,交易一方基于"个人责任"对另一方负责,即相互尊重对方的权利。对运动员个体而言,良好的自我认知、自我践行和自我约束能力在运动员人力资本产权交易中起着重要作用。运动员的自我管理能力影响其人力资本的产出。例如,奥运冠军普遍能严格自律,不断战胜与超越自我;多数运动员在业余时间能够主动学习,较好地遵守各项纪律与制度等。

7.1.2 外部激励

运动员人力资本产权交易的外部激励来自对个人权利的制度安排,即从制度上鼓励运动员人力资本产权交易,使运动员人力资本产权交易中运动员个人收益与社会收益接近,从而缩小个人收益和社会收益的差距。这种方法比奖励等更具有激励的持续性。我国的外部激励机制主要包括以下三点。一是训练机制。科学的训练机制对运动员劳动生产率的提高有关键作用。"以赛促训,以赛代练、练赛结合"模式是指导我国运动员成才的重要手段。"三从一大"的科学训练原则在运动员的成长过程中发挥了重要的作用,即"从难、从严、从实战出发训练比赛"的中国特色的训练原则。早期多样化训练和学习经验可全面开发青少年的运动潜能,利于运动员可持续发展。二是奖励和保障制度体系。津贴奖励制度、竞赛成绩奖励制度、医疗保障制度、运动员文化教育保障制度、退役安置制度等都是政府对运动员的激励制度。三是契约机制。在运动员人力资本产权交易活动中,契约激励体现为契约关系的当事人(运动员、俱乐部、体育部门)之间通过所设立的权利和义务,而达到激励和约束作用的契约制度。

7.2 运动员人力资本产权交易中薪酬激励的作用

在运动员人力资本激励体系中,薪酬扮演着极其重要的角色。薪酬从广义上就是指利益,包括直接或间接的、货币的或者非货币的所有形态的个人利益的形态。薪酬在运动员人力资本产权交易中起到重要作用。

7.2.1 体现对运动员价值的认可

交易双方通过薪酬水平的不同体现交换关系的价值尺度。在职业体育中,运动员薪酬的高低无疑代表着运动员的市场价值,也体现出运动员在俱乐部(行业协会）中的水平、层次和地位。

7.2.2 促进交易市场的良性发展

在职业体育中，高水平的薪酬可以吸引高水平运动员的参与。同时，合理的薪酬制度措施可以避免高薪低能和高能低薪现象，促进运动员流动，使其承担更适合的项目和工作。由此可见，合理的薪酬分配体系是维护市场健康发展的重要条件。

7.2.3 塑造健康的组织文化

合理的运动员薪酬，可以展现俱乐部内部和外部符合时代特点与时俱进的竞争氛围，形成良好的组织文化。对运动员而言，个人、团队和整个行业创造出的健康的组织文化富有激励性。有效地控制运动员薪酬支出对大部分俱乐部的经营甚至整个体育行业的发展都有很重要的意义。

7.2.4 体现社会公平和市场效率

薪酬公平是行业发展和社会稳定的基本条件，和谐社会的构建需要在分配制度中强调将贡献与能力作为分配的标准。职业体育作为市场经济中的重要组成部分，其分配方式也应遵循这一规律，在公平的基础上提高效率，从而保证体育事业健康发展。

7.3 运动员薪酬满意度差异性问题的实证研究

2013 年，国家发布《关于深化收入分配制度改革的若干意见》，其中提出"深化收入分配制度改革……坚持注重效率、维护公平"。竞技体育中运动员的收入分配，也应当遵循效率与公平的原则。公平的收入分配能够提高运动员薪酬满意度，激励运动员训练和竞赛的积极性。但由于运动员收入分配相关政策的不完善，出现了运动员收入分配不公的现象。本研究应用权变理论，分析不同权变因素下运动员薪酬满意度的差异性，从而提出完善运动员薪酬结构与制度、规范运动员薪酬标准的建议，无疑对激励我国运动员奋力拼搏、实现运动员个人价值及促进我国竞技体育的长足进步具有重要意义。

7.3.1 数据处理

本研究向在云南呈贡训练基地、云南海埂训练基地、广东省二沙训练中心参加冬训的，以及所在地区包括广东省、辽宁省、湖南省、黑龙江省、青海省、云南省6个省份的部分运动员（共计352名）发放调查问卷——《运动员薪酬满意度影响因素调查》。本次调查问卷共发放400份，回收390份，问卷回收率为97.5%；剔除无效问卷38份，获得有效问卷352份，问卷有效率为90.3%。问卷调查的运动项目共计9项，其中，专业项目包括田径、击剑、自行车、游泳、体操；职业项目包括篮球、足球；半职业半专业项目包括羽毛球、乒乓球。调查对象的描述性统计分析如表7-1所示。

表7-1 运动员描述性统计分析

统计特征变量	分类	人数/人	比例/%
性别	男	213	60.5
	女	139	39.5
工龄	5年以下	220	62.5
	5年及以上	132	37.5
年龄	21岁以下	164	46.6
	21~25岁	145	41.2
	25岁以上	43	12.2
级别	国家二级	33	9.4
	国家一级	161	45.7
	国家健将	134	38.1
	国际健将	24	6.8
组别	专业型	228	64.8
	半职业半专业型	58	16.5
	职业型	66	18.7
区域	东部地区	255	72.4
	中部地区	38	10.8
	西部地区	59	16.8

此次接受问卷调查的运动员,按性别划分,男性占比为60.5%,女性占比为39.5%。工龄是指劳动者从事有工资收入的法定社会职业的工作年限。根据研究需要,以5年为界对运动员工龄进行划分,工龄5年以下的占比为62.5%,5年及以上的占比为37.5%。按年龄划分,21岁以下、21~25岁、25岁以上的占比分别为46.6%、41.2%、12.2%。按级别划分,国家二级运动员占9.4%,国家一级运动员占45.7%,国家健将占38.1%,国际健将占6.8%。从人力资本角度,本研究按照投资主体的不同将运动员分为三种类型,一是以国家投资为主的专业运动员,二是企事业单位和俱乐部投资为主体的职业运动员,三是前两类投资主体混合培养的半职业半专业运动员,三种运动员的占比分别为64.8%、18.7%、16.5%。按地区划分,辽宁省、广东省属于东部地区,占72.4%;吉林省、湖南省属于中部地区,占10.8%;甘肃省、云南省属于西部地区,占16.8%。

7.3.2 研究结果

第一,根据权变理论,运动员薪酬满意度的权变因素包括组织内部因素和组织外部因素,而组织内部因素又包括内部个人因素和组织自身因素。运动员薪酬满意度的内部个人因素是指同一组织成员存在的性别、工龄、年龄、级别等个体特征差异。组织自身因素体现为组别,不同组别的运动员反映了产权归属和薪酬制度的不同,进而对投资主体、项目市场化程度、薪酬激励效果等众多特征产生影响。组织外部因素包括市场供求状况、政策法规、经济发展水平状况等多种因素,这些因素均会随着运动员所在地域的不同而变化,所以本研究选取区域因素作为运动员薪酬满意度的组织外部因素。

第二,不同性别运动员薪酬满意度具有差异性。本研究的样本容量为352(>30),所以在对差异性进行判断时选用了Z的相伴概率。在性别因素中,男性运动员与女性运动员薪酬满意度仅在货币薪酬上有显著差异($P<0.05$),但在薪酬制度、薪酬公平性及外部环境满意度上无显著差异($P>0.05$),这表明性别仅影响运动员对货币薪酬的满意度,不影响运动员薪酬满意度的其他维度。就货币薪酬的秩均值而言,男性运动员对货币薪酬的满意度要明显高于女性运动员(表7-2)。

表 7-2　不同性别运动员薪酬满意度的 Mann-Whitney U 检验 （N=352）

统计项目	货币薪酬 男	货币薪酬 女	薪酬制度 男	薪酬制度 女	薪酬公平性 男	薪酬公平性 女	外部环境 男	外部环境 女
秩均值	189.37	156.77	178.69	173.14	179.98	171.17	179.58	171.77
U	12061.500		14336.000		14062.500		14146.500	
W	21791.500		24066.000		23792.500		23876.500	
Z	−2.964		−0.507		−0.808		−0.711	
P	0.003*		0.612		0.419		0.477	

注：* 表示 $P<0.05$。

第三，不同工龄运动员薪酬满意度具有差异性。不同工龄运动员在外部环境的满意度上无显著性差异（$P>0.05$），但在货币薪酬、薪酬制度、薪酬公平性的满意度上存在显著性差异（$P<0.05$），这表明运动员工龄的不同影响货币薪酬、薪酬制度及薪酬公平性满意度。就秩均值而言，工龄在 5 年及以上的运动员薪酬满意度明显高于工龄为 5 年以下的运动员。对工龄在 5 年以下的运动员而言，其对外部环境所产生的满意度最高，对货币薪酬的满意度最低（表 7-3）。

表 7-3　不同工龄运动员薪酬满意度的 Kruskal-Wallis 检验 （N=352）

统计项目	工龄 5 年以下	工龄 5 年及以上	卡方值	P
货币薪酬秩均值	155.03	212.28	26.566	<0.001**
薪酬制度秩均值	167.39	191.68	4.813	0.028*
薪酬公平性秩均值	157.59	208.02	21.001	<0.001**
外部环境秩均值	174.45	179.91	0.242	0.623

注：* 表示 $P<0.05$，** 表示 $P<0.01$。

第四，不同年龄运动员薪酬满意度具有差异性。不同年龄段运动员在运动员薪酬满意度各维度上均存在显著性差异（$P<0.01$），这表明运动员年龄影响货币薪酬、薪酬制度、薪酬公平性、外部环境满意度。其中，年龄在 21 岁以下的运动员对外部环境的满意度最高，对薪酬公平性的满意度最低；21～25 岁的运动员则对薪酬制度的满意度最高，对外部环境的满意度最低；25 岁以上的运动员

薪酬满意度明显高于其他年龄段的运动员,其中对薪酬公平性的满意度最高,对外部环境的满意度最低(表7-4)。

表7-4 不同年龄对运动员薪酬满意度的 Kruskal-Wallis 检验 (N=352)

统计项目	21岁以下	21~25岁	25岁以上	卡方值	P
货币薪酬秩均值	152.15	176.86	268.16	45.064	<0.001**
薪酬制度秩均值	152.40	185.30	238.76	27.024	<0.001**
薪酬公平性秩均值	151.20	176.26	273.79	51.245	<0.001**
外部环境秩均值	189.23	148.23	223.26	23.292	<0.001**

注:** 表示 $P<0.01$。

第五,不同级别运动员薪酬满意度具有差异性。运动员级别的不同在运动员薪酬满意度各维度上均存在显著性差异($P<0.05$),这表明运动员级别影响货币薪酬、薪酬制度、薪酬公平性、外部环境满意度。从薪酬满意度各维度的秩均值来看,其中并无规律可循。就货币薪酬层面而言,国家健将级运动员满意程度最高;薪酬制度满意度中,国际健将级运动员满意度最高;薪酬公平性与外部环境中,国家一级运动员薪酬满意度最高。整体而言,国家一级运动员与国家健将级运动员的薪酬满意度较高(表7-5)。

表7-5 不同级别运动员薪酬满意度的 Kruskal-Wallis 检验 (N=352)

统计项目	国家二级	国家一级	国家健将	国际健将	卡方值	P
货币薪酬秩均值	58.42	190.51	200.11	113.04	65.159	<0.001**
薪酬制度秩均值	86.86	188.34	178.39	209.77	31.139	<0.001**
薪酬公平性秩均值	130.77	189.09	171.54	182.58	9.879	0.020*
外部环境秩均值	177.05	188.07	180.53	75.69	26.361	<0.001**

注:* 表示 $P<0.05$,** 表示 $P<0.01$。

第六,不同组别运动员薪酬满意度的差异性。不同组别运动员在运动员薪酬满意度各维度上均存在显著性差异($P<0.01$),这表明运动员组别影响货币薪酬、薪酬制度、薪酬公平性、外部环境满意度。由秩均值可看出,薪酬满意度各维度中,

职业型运动员满意度最高，半职业半专业型次之，专业型最低（表7-6）

表7-6 不同组别运动员薪酬满意度的 Kruskal-Wallis 检验（$N=352$）

统计项目	组别 专业型	组别 半职业半专业型	组别 职业型	卡方值	P
货币薪酬秩均值	148.22	162.49	286.52	97.546	<0.001**
薪酬制度秩均值	156.32	173.89	248.52	43.097	<0.001**
薪酬公平性秩均值	149.27	174.36	272.45	77.764	<0.001**
外部环境秩均值	150.75	199.60	245.15	49.579	<0.001**

注：* 表示 $P<0.05$，** 表示 $P<0.01$。

第七，不同区域运动员薪酬满意度的差异性。不同区域运动员在货币薪酬满意度上无显著性差异（$P>0.05$），但在薪酬制度、薪酬公平性、外部环境的满意度上存在显著性差异（$P<0.05$），这表明运动员区域不同影响薪酬制度、薪酬公平性及外部环境满意度。由秩均值可知，在运动员薪酬满意度的不同维度中，存在东部区域满意度最高、中部区域次之、西部区域最低的现象（表7-7）

表7-7 不同区域运动员薪酬满意度的 Kruskal-Wallis 检验（$N=352$）

统计项目	区域 东部地区	区域 中部地区	区域 西部地区	卡方值	P
货币薪酬秩均值	174.58	210.13	163.12	5.354	0.069
薪酬制度秩均值	183.75	171.83	148.16	6.097	0.047*
薪酬公平性秩均值	183.84	184.25	139.80	9.558	0.008*
外部环境秩均值	192.99	169.64	109.65	32.973	<0.001**

注：* 表示 $P<0.05$，** 表示 $P<0.01$。

7.3.3 分析与讨论

7.3.3.1 权变因素的内部个人因素

从权变因素的组织个人因素来看，不同性别运动员薪酬满意度在货币薪酬上有显著差异，不同工龄运动员薪酬满意度在货币薪酬、薪酬制度和薪酬公平性上均存在显著差异性，而不同年龄和不同级别运动员薪酬满意度在货币薪酬、薪酬制度、薪酬公平性和外部环境上均存在显著差异。研究结果验证了以往研究中收入的性别差异在行业之间、职业内部和不同学历之间普遍存在的观点。本研究结果表明，性别之间的货币薪酬差异是引起女性运动员薪酬满意度较低的原因。不同工龄、不同年龄和不同级别等其他个体特征在薪酬满意度上存在差异的主要原因与货币薪酬、薪酬制度、和薪酬公平性与外部环境均相关。

运动员薪酬存在性别差异，且女性薪酬满意度低于男性的研究结果支持了以往针对其他行业与群体进行研究得出的薪酬存在性别差异的结论。例如，中国足球运动员中女子与男子的薪酬差距甚大，中超大连实德女足一般队员薪酬在5000元左右，这在女足中的收入已经算上游了；广东女足有编制的队员一个月的收入不过4000元左右，在全国女足队中只是中等；没有编制的年轻队员，每个月总收入更低。而中超男足中，一般队员的平均收入都在百万元以上，更有甚者可达到每年千万元的薪酬。因运动员成绩悬殊所导致的薪酬差距固然可以理解，但因性别所出现的差距势必会引起女性运动员的不满，与薪酬差距原有的激励作用背道而驰。

不同工龄运动员薪酬满意度出现差异的主要原因可能是货币薪酬与薪酬公平性，而非薪酬制度。通常来讲，货币薪酬是指运动员对目前的收入状况的满意度，而薪酬公平性指运动员对收入差距的满意度。工龄能够显示运动员进行训练的时间，也能够体现与此对应的许多隐性价值，如临场经验、技术成熟等因素。为使竞技比赛富有观赏性与激烈性的特征，足球俱乐部一般会选取临场经验丰富且运动技术较娴熟的运动员上场参赛，即工龄为5年及以上的运动员相较于工龄在5年以下的运动员来说参赛机会较多，这就必然导致其奖金收入高于工龄较低的运动员。有研究证明，随运动员工龄的增加其薪酬也会随之增加。较高的收入、较多的参赛机会会影响运动员对收入现状与收入差距的满意度，因而造成不同工龄运动员薪酬满意度的差异性表现。薪酬制度对不同工龄运动员的薪酬满意度影响不大，虽然国家出台调资政策的导向强调考虑职工的年资因素，专业运动员也十分关注此政策导向，但职业运动员中薪酬高低主要取决于运动员自身能力，与工龄并无太大关系。而研究结果中出现工龄在5年及以上比5年以下的运动员薪酬制度满意程度高的原因，是此次调查过程中专业运动员人数占比较多（占总人数的64.8%）。

不同年龄运动员薪酬满意度出现差异的主要原因同工龄因素大致相同，与货币薪酬和薪酬公平性相关。运动员的基础工资在总体上随着年龄变化而改变,呈现正相关关系。且随着年龄的增长,运动员更加注重安全保障、社会尊重及社会关系的处理,当经济与非经济薪酬均能随着运动员年龄的变化而相应提高时,运动员对收入状况的满意程度便会随年龄增长而增加。就薪酬公平性角度而言,年龄增长的同时工龄也在相应增长,故运动员年龄的增长同工龄增长一样,会带来参赛机会与收入差距的增加,从而使薪酬公平性满意度随年龄增长而提高。对年龄较小的运动员而言,其更注重自我价值的实现,故而对外部环境满意度较高。运动员年龄不同,其薪酬制度满意度不同的原因同工龄分析类似,皆因专业运动员人数占比大,运动员薪酬制度满意度的变化是由于按照专业运动员年龄变化而套用相应的基础津贴制度所致。

不同级别运动员薪酬满意度存在差异,是由于运动员级别的评定及薪酬的发放以其运动成绩为标准。尽管等级不是衡量薪酬的唯一标准,但级别代表对运动员在该项目上所作贡献的认定,等级越高意味着竞技水平越高。而在比赛当中,运动成绩影响运动员的收入,依照高能高薪原则,这类运动员应获得较高待遇。在样本选择过程中,国家二级运动员33人、一级运动员161人、国家健将134人、国际健将24人,由于国家一级运动员与国家健将级运动员人数较多,分析此为国家健将与国家一级运动员的薪酬总体满意度较高的原因。

7.3.3.2 权变因素的组织自身因素

当前我国运动员薪酬存在差距日益扩大、两极分化加剧、分配不公平的现象。本研究结果证实了专业、半职业半专业和职业三种不同类型运动员薪酬及其满意度的差异问题。研究认为,其最主要原因在于薪酬制度的不同。目前,我国专业运动员以国家集体利益为主要目的,而职业运动员以经济利益为核心目的。从投资主体来看,专业运动员由国家投资培养,职业运动员由企业、俱乐部等社会投资或个人投资培养。从项目市场化程度来看,专业运动员从事的运动项目市场化程度往往不高,而职业运动员从事的运动项目市场化程度较高。另外,还有一部分运动员由国家和社会投资主体混合培养,兼具两者性质,项目市场化程度介于二者之间,称为半专业半职业运动员。两种典型的运动员目前实行的是完全不同的两种薪酬制度。薪酬制度因素中包括所在单位收入是否有吸引力与收入分配制度因素,前者为薪酬水平,后者为薪酬结构。专业型运动员之间的薪酬水平差别不大,皆由政府提供。其薪酬结构套用我国事业编制人员的工资体系,由基本工资、训练津贴、成绩津贴、奖金组成。计划经济时期，我国解决专业运动员城市户口及退役后的安置问题，而在市场经济体制下，大多数专业运动员退役后并未得到有效保障。职业型运动员薪酬来源于市场，其薪酬结构又依据产权主体的不同而有所差异，产权主体归属于俱乐部的职业运动员薪酬结构由基本工资、训练津贴、出场费、奖金与商业广告费构成，且实际收入由俱乐部的发展理念、发展阶段与发展战略等因素决定。产权主体为个人的职业运动员薪酬结构由出场费、比赛奖金、商业广告组成。职业运动员所获出场费与商业广告都与其个人价值及竞赛成绩相关；半职业半专业型运动员来自专业运动队为适应市场化而改制成的联赛俱乐部，其身份仍属于国家队，但却交由俱乐部培养，其薪酬来源也介于专业与职业运动员之间，薪酬结构由基本工资、成绩奖金与赛季奖金构成，皆由俱乐部支付，但其灵活性不足、激励作用不强。薪酬制度的不同必然会导致不同组别运动员收入存在差距，进而导致不同组别运动员对收入状况、公平性、外部环境的满意度差异。

7.3.3.3 权变因素的外部环境因素

外部环境与运动员薪酬满意度的关系是另一个值得探讨的问题。有研究表明，发达的经济基础、优越的地理位置及良好的体育基础能够促进竞技体育发展。我国地区上经济发展的不平衡是长期存在的历史现象，整体特点是东强西弱。本研究结果表明，运动员的薪酬也随经济发展呈现出东高西低的态势，造成不同区域运动员之间的薪酬差距明显，进而导致不同区域运动员薪酬满意度存在差异。研究认为，其关键原因在于不同区域运动员对外部环境满意度的不同。在调查中，外部环境满意度题项包括是否对环境与条件满意。在外部环境中，东部地区经济较为发达，故东部地区训练环境与条件更能满足运动员需求，运动员能够在良好的环境中更快地提升自身的价值。而中部地区与西部地区经济较为落后，其为运动员提供的训练环境也略显简陋，会直接影响运动员的训练水平。本研究"外部环境满意度中东部地区运动员最满意，而西部地区运动员最不满意"的结果也支持了上述观点。此外，薪酬公平性也是造成不同区域运动员薪酬满意度不同的原因。从理论而言，在公平视角下，同等劳动、同等成绩应获得相同的收入。本研究中区域的不同并未影响货币薪酬满意度的原因是东部区域经济虽然较中部地区与西部地区发达，运动员所获经济性薪酬要高于中部与西部地区运动员，但是东部地区发达的经济也势必造成人均收入水平的提升，如广东省人均收入已接近中等发达国家水平，而运动员薪酬与人均收入相比较低，易产生较大的落差感。

7.3.4 研究小结与改进策略

7.3.4.1 研究小结

运动员薪酬满意度可被划分为货币薪酬满意度、薪酬制度满意度、薪酬公平性满意度、外部环境满意度四个维度。运动员性别、年龄、级别、组别、工龄、区域因素对运动员薪酬满意度的不同维度有着不同的影响，并在运动员薪酬满意度不同维度上存在着差异性表现。对研究结果进一步分析发现，运动员性别仅影响货币薪酬满意度，男运动员货币薪酬满意程度明显高于女运动员；运动员年龄、级别、组别对货币薪酬、薪酬制度、薪酬公平性、外部环境均有影响。年龄层面上，货币薪酬、薪酬制度及外部环境满意度与年龄呈正相关，表明年龄越大则满意度越高。其中，25岁以上的运动员外部环境满意度最低，21岁以下的运动员薪酬公平性满意度最低。就级别而言，虽然不同级别运动员的薪酬满意度存在显著性差异，但级别与薪酬满意度并未呈现线性相关关系。在组别分类中，职业运动员薪酬满意度最高，专业运动员薪酬满意度最低，其中，专业运动员中货币薪酬的满意度最低。运动员工龄差异对货币薪酬、薪酬制度、薪酬公平性满意度均有影响，且随工龄增长，运动员满意度增加。其中，工龄在5年以下的运动员货币薪酬满意度最低。运动员所在区域的不同对薪酬制度满意度、薪酬公平性满意度、外部环境满意度均有所影响，但对货币薪酬满意度没有影响。总体表现出东部地区运动员满意度最高、中部地区满意度次之、西部地区满意度最低的局面，其中，西部地区运动员对于外部环境满意程度最低。

7.3.4.2 改进策略

第一，注重从货币薪酬层面上提升女性、专业运动员、年轻运动员、西部地区运动员的经济性薪酬，以提高运动员的薪酬满意度。首先，应缩小女性与男性、职业运动员与专业运动员、年资长运动员与年轻运动员，以及东部地区运动员与中西部地区运动员的经济性薪酬差距。其次，应增加我国运动员的非经济性薪酬，把握运动员的发展需求，聆听运动员在生活方面遇到的生理及心理问题。如加强运动员文化教育，为运动员提供学习机会，保障运动员退役后的再就业问题等。

第二，注重从薪酬制度层面上进一步完善不同类型运动员的薪酬制度与薪酬结构，以提高运动员薪酬满意度。目前，市场经济机制与一般工资决定机制存在差异性问题，因此，应当厘清我国不同级别、组别中运动员尚存的薪酬发放制度，了解我国原有薪酬体系弹性缺失情况，进而选择适合我国各运动队及俱乐部的现代企业薪酬体系。

第三，注重从薪酬公平性层面上规范运动员薪酬发放标准，以提高运动员薪酬满意度。国家应制定运动员薪酬名目标准，规范运动员奖金、补贴管理，在运动员薪酬发放上允许因年龄、资历、地区差异、职业化程度等现实因素进行适量调整，但差距不应过大，以免造成运动员消极训练及应赛的情况。

第四，注重从外部环境层面上提高运动员薪酬满意度。作为管理部门，首先，应尽力满足运动员所提出的合理要求，重视运动员在运动训练过程中所提出的建议与意见；其次，应为运动员打造适合其运动、训练的优良环境，尤其要为经济欠发达的西部地区运动员提供良好的训练环境与条件，这不仅能够激励运动员奋力拼搏训练，还能够促进运动员个人价值的实现。

8 运动员人力资本产权交易秩序构建中保障问题的理论与实证研究

运动员人力资本产权交易秩序构建的外在力量是制度规范。在参与主体日益多元化，体育实践日益国际化、产业化的过程中，运动员人力资本交易的国家、集体进行制度安排的理性和效率，是运动员人力资本产权交易秩序拓展中值得深入探讨的重要问题，相关研究对促进运动员人力资本载体流动，参与市场竞争，保障运动员人力资本的再生产具有重要意义。以下主要分析了运动员人力资本产权交易的各种风险与社会保障的关系，探讨了社会保障对竞技体育投入效率影响的实证研究，并构建了一个具备中国特色的运动员人力资本产权交易效率评价模型，以期为各个产权主体的产权交易与权利保障提供理论依据。

8.1 运动员人力资本产权交易风险分析

8.1.1 运动员人力资本产权交易的投资风险

一般来讲，资本的形成是一个很长的周期，当人们在做出资产支出的抉择时，也就标志着要想获得未来的预期收益应要先放弃当前的利益。竞技体育也一样，除了要承担市场价格风险和人力资本风险，也要承担运动员因病、因伤等导致投资沉没的可能，所以竞技体育的投资风险比大多数的投资风险都要大，其损失的成本包括国家的投资和个人家庭的投资等。投资风险源于以下几个因素：首先，运动员成材率低。特别是我国传统的"金字塔"形的人才培养机制造成淘汰率极高，我国竞技运动员成材率处于低水平状态。其次，价值的不稳定性。受个人的性格、态度、动机、智力、运动成绩等因素的影响，运动员在不同的条件下会有不同的表现和结果，如同一项目运动水平相近的运动员的收入会不同。再次，收入的难确定性和投资的高额性。运动员收入无法在事前确定，必须在使用过程中确定，并且影响收入的因素十分复杂，受竞技市场、经济市场等因素影响。运动员人力资本在形成过程中存在明显的差别，以及边际收益的不确定性，特别是金牌背后的一些利益和价值等没有形态的收益无法估计。最后，高额的投资成本也是形成高风险的重要原因。一名运动员要想成才，需要从幼儿阶段就开始训练，教练指导、参加比赛、进入体校等的费用高昂，加上生活需要的费用，投资成本自然不菲。另外，运动员退役后就业率低，造成额外的机会成本。

8.1.2　运动员人力资本产权交易的立约风险

运动员人力资本产权交易的立约风险主要体现在法律制度和保障机制不健全。目前，国家对运动员权益的支持体现在法律保障与社会保障两个方面。例如，在现有的法律政策文件中，《体育法》是维护运动员基本权利与人力资本产权交易秩序的基本法律依据。《运动员聘用暂行办法》（以下简称《办法》）制定了对优秀专业运动员包括工资待遇、社会保险、住房补贴，以及退役运动员转业安置、经济补偿与文化学习等社会保障内容。然而研究发现，原有的制度建设已不能完全满足新形势下规范产权交易秩序的需要。虽然《体育法》历经20余年的发展内容趋于完善与全面，但是面对市场经济迅猛势头对竞技体育发展的冲击，仍表现出严重的制度乏力。这主要源于《体育法》中的条例表述较为宏观与模糊，针对性不足。具体实施过程的控制仅体现在指导作用，并不能有效体现严谨、效力、权威的态势，不能为运动员合法享受优待权力及权力维护提供有效依据。另外，政策所实行的聘任制及其保障的范围是处于国家整个运动员人才队伍"塔尖"群体，这是一种政策激励，但对于最终没有获取优异成绩的运动员来说，也付出昂贵的成长代价，且对国家竞技体育事业付出了努力，理应享受充分的政策保障。制度的缺位并不能有效地保障运动员的切实利益，也引发了一系列运动员权益纠纷事件，会直接影响其竞技参与积极性。从新制度经济学中制度变迁理论思想认识出发，制度完善进程落后于整体的进步，制度缺位不能进一步支持体育事业的持续发展。

8.1.3　运动员人力资本产权交易的履约风险

运动员人力资本产权交易的履约风险主要表现在两个方面。第一，运动员的健康风险。健康是一种人在心理和生理上都完好且社会幸福感充足的状态，它是人力资本所有者交付用于出租或出资的人力资本使用权的基础。但是，在现实生活中，人的健康会受到很多不确定性因素的冲击，健康损毁的极限就是健康的消失即运动生命的终结。当健康损毁的状况不能支持特定的人力资本使用权出资和出资活动时，健康损毁的风险变成了包括人力资本所有者在内的各方损失，包括人力资本使用权不能继续交付使用而给租用方、合作方、债权人造成的损失等。例如，俱乐部为运动员支付工资和转会费，一旦运动员受伤，医药费等后续的治疗费用都需要俱乐部承担，如果还在合同期内，还需要支付其正常的工资。第二，运动员人力资本交易履约过程中的道德风险。人力资本交易履约过程中的道德风险主要表现为人力资本不按照约定足量交付人力资本使用权，人力资本所有者利用控制权谋私，人力资本购买方或合作方限制人力资本所有者的人身自由，拖延和克扣人力资本租金或利润等。例如，职业运动员的"挂牌、倒摘牌制"，合同期满后仍收取转会费制度等，这些都严重制约了运动员的权益，将运动员变成了俱乐部的附属品。

8.2 运动员人力资本产权交易与社会保障的关系

我国体育事业的发展离不开运动员，运动员作为国家的财富，承担着艰巨任务，为国争光。但是运动员退役以后往往会受到伤病、伤残的困扰，并且由于文化水平较低等缺乏竞争能力，从而面临着许多的困难，这时就需要适当的社会保障机制，保证运动员人力资本产权能够基本实现。国家、社会因此制定了与运动员训练和退役后生活相关的法律法规，主要包括医疗照顾、文化教育、退役安置等，为我国运动员生活、训练、就业提供了一定的保障，其外延还包括运动员伤残互助保险、运动员退役安置、运动员奖励津贴、运动员文化教育和老运动员医疗照顾等。但在运动员人力资本生产过程中，职业体育俱乐部、运动队和个人均面临很大的不确定性，如可能会出现俱乐部倒闭、运动队解散、运动员失业，以及运动员疾病或伤病等各种突发情况。因此，运动员人力资本产权交易的平稳运行需要社会保障机制的保护。

首先，社会保障是个体进行生存和保障最重要的投入要素，在竞技体育中发挥着特殊的作用，它不仅可以调动运动员的积极性、优化资源的配置、完善运动员保障机制，还可以促进竞技体育的良性运行和持续发展。社会保障直接影响着我国竞技运动水平的提高、战略的形成，为运动员人力资本产权的实现创造了良好的环境。其次，完善的社会保障制度能够促进运动员人力资本产权交易的公平效率及运动员人力资本交易秩序的稳定。社保制度的建立，能够为运动员人力资本的生产提供保证条件，能够缓解运动员在经济和社会生活上的压力。最后，社会保障制度通过降低和规避运动员人力资本流动风险，保证运动员人力资本产权交易的合理配置。

为了保证整个社会的运动员人力资本产权运行达到最优，对运动员、职业俱乐部和运动队中个人不能解决的问题或者是解决起来成本太高的不确定问题，需要建立相应的保障制度将运动员的人力资本消耗降到最低，为运动员人力资本产权交易的实现创造有利的条件。保障制度的作用主要体现在以下两个方面。一方面是保障运动员人力资本的再生产。运动员人力资本的持续生产是维持运动员培养资金正常运行的条件之一，运动员的劳动力实际上就是人力资本本身再生产的一个因素。随着科学技术的发展，个人和俱乐部或者是运动队有时候很难给运动员提供大量的资金、物质材料和技术设施等，但是制度的建立可以更好地为运动员提供了训练条件。另一方面是保障运动员资本的流动。运动员人力资本的自由和充分流动，是体育产业始终保持活力的原因之一也是运动员人力资本产权实现的手段之一。运动员人力资本在流动过程中要面临很多的不确定性和风险。例如，如果运动员离开俱乐部或运动队，则要面临失业困境，这种困境可能是短期的，也可能是长期的，要想规避这种失业带来的风险，运动员就要有足够的经济实力来维持生存，但是在多数情况下，运动员们只能依靠政府发放的保证金维持基本的日常开销。因此，社会保障制度的建立可以在很大程度上有效降低人力资本流动的风险，从而促进运动员人力资本的流动。

8.3 社会保障对竞技体育投入效率影响的实证研究

社会保障作为个体生存和健康的重要投入要素，在竞技体育中发挥着特殊的作用。社会保障可以使运动员充分地发挥积极性，促进人力资源的合理流动，并优化其配置。完善的运动员保障体系可以促进竞技体育的良性运行和可持续发展，直接关系到我国竞技运动水平的提高和奥运争光战略的实现。社会保障投入对体育事业效率的影响问题值得深入研究。本研究基于 DEA-SBM 模型测算了社会保障对我国竞技体育投入效率的影响，以此为科学评价竞技体育综合效率及竞技体育资源合理配置提供参考。

8.3.1 模型选择

本研究通过非导向的动态 DEA-SBM 方法来评估总体效率（OE）和期限效率（TE）。每个周期在每个决策单元（DMU）都有独立的投入和产出，从 t 期到 $t+1$ 期有一个结转环节，从而找出两个周期的变化。图 8-1 为 D-DEA 的结构。

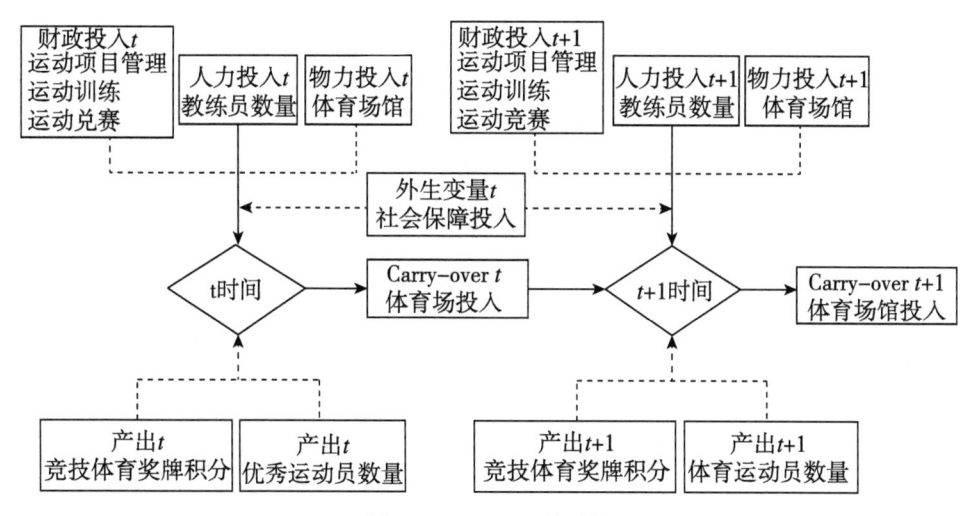

图 8-1 D-DEA 的结构

该模型中所得效率值为 0~1，效率值越大则表示被观测值的投入产出效率越高，当效率值=1 时则表示被观测值的效率达到了 DEA 最佳效率。为进一步区分效率值水平的高低，设定效率值=1 表示效率最高，0.8<效率值<1 表示效率良好、0.6<效率值≤0.8 表示效率中等、0<效率值≤0.6 表示效率无效。

8.3.2 指标选取与数据来源

在以人为本的发展理念下，社会保障作为体育事业和运动员人力资本投资中重要的基础性投入要素，对竞技体育起着不可忽视的重要作用，因此，社会保障应纳入竞技体育效率评价体系当中。除选取具有代表性的竞技体育指标外，本研究结合前人研究成果、竞技体育的发展特点及《体育事业统计年鉴》中竞技体育相关的数据统计，初步拟定了 10 个指标：竞技体育经费、社会保障投入、文化教育经费、体育场馆投入、科技投入、体育从业人员数量、体育从业机构数量、教练员数量、优秀运动员数量、奖牌积分。为检验各指标与竞技体育投入效率的相关程度,采用因子分析法进行分析。运用SPSS软件对竞技体育投入产出评价指标进行因子分析,结果显示KMO=0.819,显著性水平$P<0.01$,拒绝原假设,说明适合做因子分析。

通过因子分析后,剔除掉指标变量共同度小于0.6的指标,即文化教育经费、体育从业机构数量、体育从业人员、科技投入,最终得出6个指标,即竞技体育经费、社会保障投入、体育场馆投入、教练员数量、优秀运动员数量、奖牌积分,按变量性质与特征进行分类,如表8-1所示。

表8-1 指标说明及数据来源

指标	变量	变量说明	单位	数据来源
投入指标(X)	人员投入	教练员数量(X_1)	人	《体育事业统计年鉴》
	财政投入	竞技体育经费(X_2)	万元	《体育事业统计年鉴》
产出指标(Y)	竞技体育成绩	奖牌积分(Y_1)	分	《中国体育年鉴》和各省、市的统计年鉴
	竞技体育产生	优秀运动员数量(Y_2)	人	《体育事业统计年鉴》
存续变量	体育场馆投入	体育场馆基础设施投入(X_3)	万元	《体育事业统计年鉴》
外生变量	社会保障投入	住房、医疗、运动员社会保障投入总和(X_4)	万元	《体育事业统计年鉴》

投入指标方面:教练员数量(X_1)为在岗国家一、二、三级教练员数量的总和;竞技体育经费(X_2)为用于竞技体育运动项目管理、体育竞赛和体育训练所花费的财政投入的总和;体育场馆投入(X_3)是用于竞技体育训练、竞赛所投入的体育场馆基础设施的财政投入的总和;社会保障投入(X_4)是竞技体育在住房、医疗、运动员社会保障的财政投入的总和。

产出指标方面:奖牌积分(Y_1)代表竞技体育成绩产出,具体统计了国家级别以上赛事(国家级赛事、世界锦标赛、亚运会和奥运会)的冠军、亚军和季军奖牌数量,并进行了加权计分标准化处理。优秀运动员数量(Y_2)表示竞技体育优秀人才数量,按国家一级运动员以上水平进行统计。

8.3.3 社会保障投入视角下我国竞技体育效率实证分析及比较

8.3.3.1 整体效率比较

整体而言，全国竞技体育投入整体效率处于中低水平。观察表8-2、图8-2发现，2013—2016年，社会保障投入因素加入前后的全国竞技体育投入综合效率均处于中低水平，表明我国的竞技体育投入产出效率较低，主要可能是由竞技体育高投入、低使用效率所致。相对而言，东北三省效率均值达到了高效率值，反映出东北地区的竞技体育效率处于较高水平，中西部地区的竞技体育平均效率低于全国平均效率。东北地区呈现较高的效率可能与其运动员储备和地域特征有关。东北地区的运动员人力资本储备丰富，凭借地域优势在冰雪项目中屡创佳绩，显示出更高的投入产出效率。

表8-2 我国各地区竞技体育综合效率得分及排名

地区	省（区、市）	效率得分 加入前	效率得分 加入后	排名 加入前	排名 加入后	效率提升率/%
东北	黑龙江省	1	1	1	1	0
	吉林省	1	1	1	1	0
	辽宁省	0.6617	0.6973	9	11	5.40
东部	北京市	0.6940	0.9138	7	6	31.70
	福建省	0.5970	0.6115	11	15	2.40
	广东省	0.3788	0.8682	24	8	129.20
	海南省	0.2538	0.2940	30	29	15.90
	河北省	0.6677	0.7113	8	10	6.50
	江苏省	0.5665	0.5752	13	17	1.50
	山东省	0.7135	0.8056	6	9	12.90
	上海市	0.6351	1	10	1	57.40
	天津市	1	1	1	1	0
	浙江省	0.8831	0.8928	5	7	1.10
西部	甘肃省	0.3444	0.3672	25	27	6.60
	广西壮族自治区	0.2781	0.2889	28	30	3.90
	贵州省	0.4047	0.4162	22	24	2.90

续表

地区	省（区、市）	效率得分 加入前	效率得分 加入后	排名 加入前	排名 加入后	效率提升率/%
西部	内蒙古自治区	0.4154	0.4473	21	22	7.70
	宁夏回族自治区	1	1	1	1	0
	青海省	0.4891	0.5748	17	18	17.50
	陕西省	0.4327	0.4434	20	23	2.50
	四川省	0.5811	0.6085	12	16	4.70
	新疆维吾尔自治区	0.2671	0.3893	29	26	45.80
	云南省	0.3372	0.3931	26	25	16.60
	重庆市	0.3809	0.6595	23	12	73.10
中部	安徽省	0.4621	0.5690	18	19	23.10
	河南省	0.5472	0.6135	14	13	12.10
	湖北省	0.5275	0.6216	15	14	17.80
	湖南省	0.5061	0.5192	16	20	2.60
	江西省	0.2837	0.3195	27	28	12.60
	山西省	0.4441	0.5087	19	21	14.60

从效率前后对比看，社会保障投入因素加入后，全国整体效率明显提升，即由社会保障投入前的0.535（图8-2），变为加入后的0.600，提升了17.6%。这说明社会保障投入对全国竞技体育效率的提升作用比较明显。

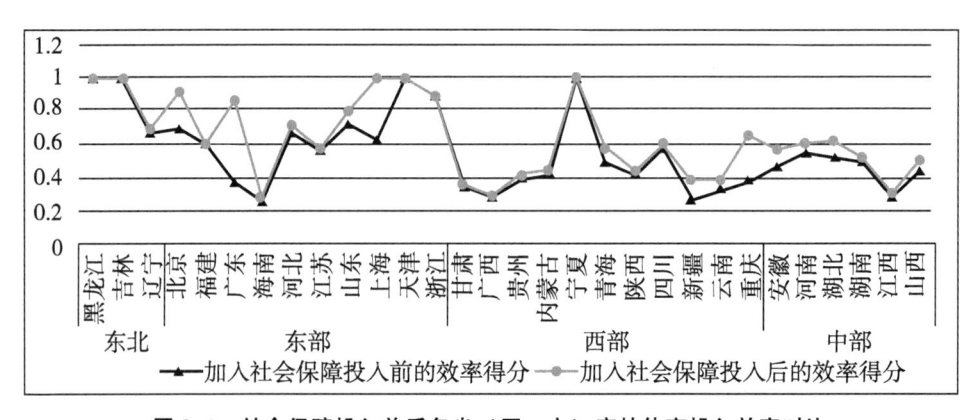

图8-2 社会保障投入前后各省（区、市）竞技体育投入效率对比

从区域比较看，全国竞技体育投入综合效率前后均有所提升，且呈现出明显

的区域差异特征。实证结果显示，社会保障因素加入后，我国竞技体育综合效率均有明显提升，且均呈现东北>东部>中部>西部的地域性特征。由表8-2中数据计算得出，东北、东部、中部和西部竞技体育综合效率均值分别为0.8991（加入前效率值0.8872）、0.7977（0.6962）、0.5080（0.4618）和0.5253（0.4482）。可见，大多数区域的综合效率均实现了较大程度的提升。特别是东部地区，在加入社会保障投入因素后，其平均效率提升率达到20.3%，西部地区和中部地区的效率提升率也分别达到16.5%和13.8%，提升效果显著。

从省份比较看，加入社会保障因素后各省竞技体育投入综合效率略有变化。2013—2016年，社会保障投入因素加入前，全国仅有4个省的综合效率达到了1，增加社会保障投入后，全国有5个省（市）的综合效率值达到1，其中，上海市综合效率值由0.6351提升到了1，实现了效率最优，说明社会保障投入因素对上海市的竞技体育效率提升效果较为明显。全国各地效率分值靠后的为海南省和广西壮族自治区，竞技体育效率也均有提升，分别达到0.2940和0.2889。这可能与当地的社会保障投入规模和管理效率有关。

从区域排名变化来看，社会保障因素加入前后大部分地区的全国效率排名变化不大，而各地区存在差异。

不考虑社会保障因素的情况下，全国综合效率排名中，东部地区的省（市）排名差距较大，竞技体育发展不平衡。前10名中东部地区占据了6个，海南省排名最后；中部地区则除了江西省效率较低排名靠后外，其余省都位于10~20名，竞技体育发展处于中等地位。西部地区省（区、市）多处于20~30名，竞技体育效率低，发展不完善，但宁夏回族自治区、四川省和青海省竞技体育效率相对比较高，尤其是宁夏回族自治区效率值达到1，产出效果理想。

考虑社会保障因素后，东北地区仍保持较高水平。东部地区有4个省（市）排名前进，广东省和上海市进步明显，江苏省和福建省则有较大落后。西部地区有3个省（区、市）进步，重庆市甚至挤进了10~20名的行列。而中部地区的4个省排名稍有落后。因此，从效率变化趋势来看，西部地区各省（区、市）前后的竞技体育效率趋势变化不大，而东部地区各省效率提升前后变化较大，地区间竞技体育的发展有高有低，差异较为明显。

8.3.3.2 时间演进比较

从整体看，考虑社会保障投入因素后各省效率各年份的变化有所不同。如

表 8-3 所示，2013—2016 年，绝大部分省市的竞技体育投入效率均有不同程度的提升。其中，21 个省（区、市）的效率得以提升，占 70%，部分省（区、市）在社会保障投入后达到了理想效率，如 2013 年的北京市、上海市、湖北省，以及 2014 年的广东省、山东省、上海市等。但也有个别省（区、市）竞技体育投入效率在社会保障投入下有所减低，2013 年下降的省（区、市）有 10 个占 30%，自 2014 年开始减少，2016 年下降到仅有 3 个省（市）。

表 8-3 不同年份各地区竞技体育投入效率情况

地区	省（区、市）	2013 年 加入前	2013 年 加入后	2014 年 加入前	2014 年 加入后	2015 年 加入前	2015 年 加入后	2016 年 加入前	2016 年 加入后
东北	黑龙江省	1.000	1.000	1.000	1.000	1.000	1.000	1.000	1.000
东北	吉林省	1.000	1.000	1.000	1.000	1.000	1.000	1.000	1.000
东北	辽宁省	0.855	0.846	0.471	0.491	0.726	0.737	0.833	0.886
东部	北京市	0.821	1.000	0.806	1.000	0.738	1.000	0.677	0.782
东部	福建省	0.872	0.870	0.531	0.522	0.462	0.483	0.563	0.616
东部	广东省	0.553	0.622	0.261	1.000	0.407	1.000	0.495	1.000
东部	海南省	0.450	0.384	0.252	0.255	0.216	0.233	0.681	0.650
东部	河北省	0.595	0.605	0.454	0.525	0.534	0.652	0.962	1.000
东部	江苏省	0.747	0.729	0.443	0.453	0.484	0.500	0.616	0.666
东部	山东省	0.863	0.840	0.777	1.000	1.000	1.000	0.631	0.662
东部	上海市	0.767	1.000	0.368	1.000	1.000	1.000	0.760	1.000
东部	天津市	1.000	1.000	1.000	1.000	1.000	1.000	1.000	1.000
东部	浙江省	1.000	1.000	1.000	1.000	0.840	0.863	0.813	0.809
西部	甘肃省	0.370	0.371	0.320	0.318	0.304	0.310	0.377	0.465
西部	广西壮族自治区	0.395	0.352	0.501	0.434	0.185	0.181	0.546	0.437
西部	贵州省	0.550	0.463	0.292	0.332	0.283	0.327	0.435	0.460
西部	内蒙古自治区	0.502	0.434	0.290	0.362	0.336	0.392	0.447	0.499
西部	宁夏回族自治区	1.000	1.000	1.000	1.000	1.000	1.000	1.000	1.000
西部	青海省	1.000	1.000	1.000	1.000	0.215	0.252	0.709	0.834
西部	陕西省	0.432	0.463	0.404	0.424	0.359	0.384	0.555	0.564

续表

地区	省（区、市）	2013年 加入前	2013年 加入后	2014年 加入前	2014年 加入后	2015年 加入前	2015年 加入后	2016年 加入前	2016年 加入后
西部	四川省	0.648	0.665	0.540	0.544	0.528	0.559	0.714	0.725
西部	新疆维吾尔自治区	0.314	0.591	0.127	0.209	0.320	0.401	0.557	0.631
西部	云南省	0.663	0.869	0.274	0.299	0.243	0.266	0.434	0.457
西部	重庆市	0.448	0.428	0.438	0.550	0.306	1.000	0.378	1.000
中部	安徽省	0.423	0.521	0.352	0.391	0.676	0.620	0.732	1.000
中部	河南省	0.626	0.800	0.479	0.477	0.642	0.622	0.681	0.745
中部	湖北省	0.682	1.000	0.398	0.520	0.414	0.493	0.631	0.661
中部	湖南省	0.558	0.661	0.499	0.481	0.549	0.528	0.601	0.648
中部	江西省	0.311	0.389	0.162	0.169	0.347	0.405	0.592	0.630
中部	山西省	0.723	1.000	0.465	0.467	0.372	0.408	0.521	0.531

从演进趋势看，考虑社会保障投入因素后，我国各省效率整体呈现出不断提升态势。如表8-3所示，社会保障投入因素加入后，全国竞技体育投入效率变化呈现出不断回升的特征，2014年、2015年均有所提升，2016年的效率提升幅度最大，为20%。

结合各省的人均社会保障投入数据，以2013—2016年全国30个省（区、市）市的人均社会保障平均值12.01为基准，对全国竞技体育投入效率结果进行聚类分析。如表8-4所示，可以将各省（区、市）分为四种效率类型：①高投入—高效率组，即年人均社会保障投入高于12.01万元/人并且效率值均值高于0.8以上的省（市），包括北京市、广东省、山东省和浙江省；②低投入—高效率组，即年人均社会保障投入低于12.01万元/人，并且效率值均值高于0.8以上的省、市，包括黑龙江省、吉林省、上海市、天津市和青海省；③高投入—低效率组，即年人均社会保障投入高于12.01万元/人，并且效率值均值低于0.6以下的省（区），包括海南省、贵州省、宁夏回族自治区、四川省、云南省、安徽省和山西省；④低投入—低效率组，即年人均社会保障投入低于12.01万元/人，并且效率值均值低于0.6以下的省（区），包括广西壮族自治区、甘肃省、内蒙古自治区和江西省。可以看出，高效率省（区、市）往往有较高的人均社会保障投入，并且这些省（区、市）大多位于东部地区、东北地区及少数西部地区，这可能与东部地区较为发达的经济基础与有力的政策支持相关。而竞技体育低效率的省（区、市）既有高人均社会保障投入的，又有低人均社会保障投入的，这可能与投入资源配置不合理有关。

表8-4 社会保障投入后竞技体育效率与人均社会保障投入情况

地区	省（区、市）	2013年 人均社会保障	2013年 投入效率	2014年 人均社会保障	2014年 投入效率	2015年 人均社会保障	2015年 投入效率	2016年 人均社会保障	2016年 投入效率
东北	黑龙江省	6.600	1.000	5.270	1.000	7.950	1.000	8.490	1.000
	吉林省	6.450	1.000	6.460	1.000	8.450	1.000	8.320	1.000
	辽宁省	5.820	0.850	7.320	0.490	8.370	0.740	12.520	0.886
东部	北京市	13.020	1.000	14.360	1.000	21.090	1.000	13.760	0.782
	福建省	7.680	0.870	8.170	0.520	11.730	0.480	9.790	0.616
	广东省	16.290	0.620	30.220	1.000	22.800	1.000	30.820	1.000
	海南省	22.480	0.380	39.320	0.260	37.040	0.230	12.820	0.650
	河北省	7.240	0.610	13.950	0.530	16.490	0.650	8.490	1.000
	江苏省	7.200	0.730	7.820	0.450	11.850	0.500	11.800	0.666
	山东省	7.700	0.840	9.350	1.000	10.680	1.000	12.100	0.662
	上海市	5.350	1.000	5.970	1.000	5.600	1.000	20.250	1.000
	天津市	2.820	1.000	2.910	1.000	3.230	1.000	5.140	1.000
	浙江省	9.810	1.000	9.120	1.000	10.800	0.860	12.530	0.809
西部	广西壮族自治区	6.250	0.370	7.400	0.320	8.440	0.310	8.740	0.465
	贵州省	11.130	0.350	10.670	0.430	14.330	0.180	10.440	0.437
	内蒙古自治区	8.970	0.460	10.960	0.330	14.270	0.330	12.680	0.460
	宁夏回族自治区	9.390	0.430	36.270	0.360	26.710	0.390	16.110	0.499
	青海省	6.420	1.000	7.520	1.000	12.730	1.000	13.770	1.000
	陕西省	9.220	1.000	8.960	1.000	11.580	0.250	11.610	0.834
	四川省	12.040	0.460	8.670	0.420	13.480	0.380	15.070	0.564
	新疆维吾尔自治区	2.220	0.670	4.630	0.540	4.480	0.560	5.850	0.725
	云南省	18.480	0.590	20.470	0.210	20.680	0.400	17.560	0.631

续表

地区	省（区、市）	2013年 人均社会保障	2013年 投入效率	2014年 人均社会保障	2014年 投入效率	2015年 人均社会保障	2015年 投入效率	2016年 人均社会保障	2016年 投入效率
西部	甘肃省	4.390	0.870	8.800	0.300	10.840	0.270	10.680	0.457
	重庆市	9.310	0.430	12.200	0.550	17.780	1.000	18.230	1.000
中部	安徽省	13.580	0.520	14.210	0.390	16.480	0.620	19.610	1.000
	河南省	16.940	0.800	16.230	0.480	18.890	0.620	21.010	0.745
	湖北省	9.630	1.000	9.440	0.520	11.200	0.490	11.090	0.661
	湖南省	5.540	0.660	6.870	0.480	7.750	0.530	8.010	0.648
	山西省	18.060	1.000	13.380	0.470	18.340	0.410	9.830	0.531
	江西省	4.680	0.390	5.630	0.170	5.900	0.410	6.800	0.630

注：人均社会保障费用＝社会保障投入/在训优秀运动员数量。

8.3.3.3 各地区竞技体育投入冗余分析

（1）训练竞赛效率

从全国整体情况看，无论社会保障投入因素是否加入效率评价指标中，全国大多数地区在训练竞赛投入方面都有不同程度的冗余，为此需要进行进一步分析。结果如表8-5所示，在社会保障加入竞技体育效率评价指标前，仅有4个省（区、市）的竞技体育训练竞赛投入处于无冗余状态，占全国的13.3%；在社会保障加入后，有6个省（区、市）的竞技体育训练竞赛投入处于无冗余状态，占全国的20%。这说明全国大部分省市在竞技体育训练竞赛方面的投入不合理，存在过度投入的现象。从下降程度上看，如图8-3所示，在社会保障计入竞技体育效率评价指标后，绝大部分省（区、市）的冗余情况均有所下降（浙江省、湖南省除外），对比投入前全国的训练竞赛投入冗余平均下降了15.8%。这说明没有社会保障投入指标进行竞技体育效率评价会造成冗余值的高估。

表8-5 各地区训练竞赛投入冗余平均值分析

地区	省（区、市）	加入前	加入后	冗余下降百分比/%
东北	黑龙江省	0	0	0

续表

地区	省（区、市）	加入前	加入后	冗余下降百分比/%
东北	吉林省	0	0	0
	辽宁省	7422.532	6416.507	13.6
东部	北京市	34601.104	6008.451	82.6
	福建省	25623.293	20120.026	21.5
	广东省	42660.787	0	100.0
	海南省	11843.124	10679.099	9.8
	河北省	8904.036	8476.297	4.8
	江苏省	60491.025	52972.447	12.4
	山东省	11470.972	4794.921	58.2
	上海市	18328.582	0	100.0
	天津市	0	0	0
	浙江省	1412.686	5767.773	−308.3
西部	甘肃省	14944.074	11468.362	23.3
	广西壮族自治区	20528.880	19128.608	6.8
	贵州省	24315.757	23295.220	4.2
	内蒙古自治区	39012.287	33407.756	14.4
	宁夏回族自治区	0	0	0
	青海省	456.232	428.338	6.1
	陕西省	11703.557	6725.440	42.5
	四川省	19359.013	17955.832	7.2
	新疆维吾尔自治区	22442.117	18046.209	19.6
	云南省	9046.432	5556.742	38.6
	重庆市	19055.376	3067.394	83.9
中部	安徽省	5149.061	4434.376	13.9
	河南省	9243.568	6289.941	32.0
	湖北省	10673.818	4265.367	60.0
	湖南省	9607.570	10284.689	−7.0
	江西省	5860.949	5230.679	10.8

续表

地区	省（区、市）	加入前	加入后	冗余下降百分比/%
中部	山西省	18132.119	14023.205	22.7

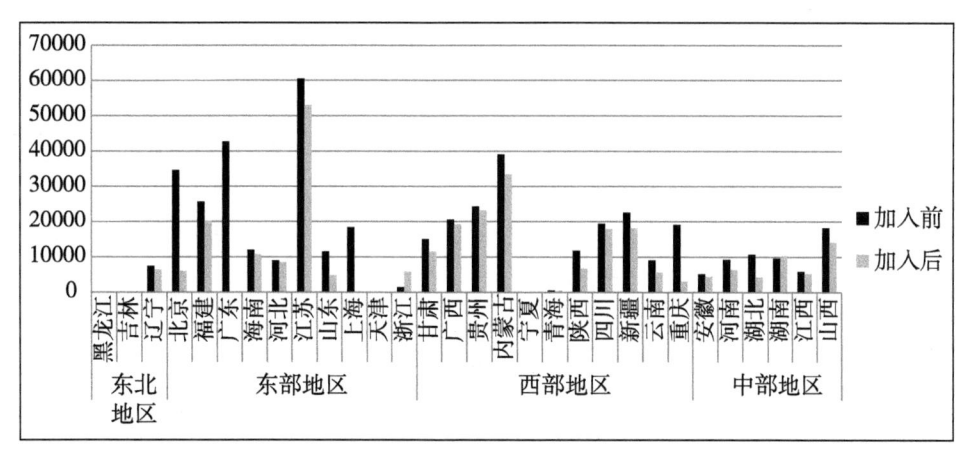

图 8-3 各地区竞技体育训练竞赛投入冗余情况

从区域层面看，各区域的冗余下降程度有明显差距，由高到低排名呈现出中部>西部>东部>东北部的特征，分别为22%、16.3%、8.1%、4.5%。部分省（区、市）的冗余下降程度明显，下降比例超过50%，如东部地区的北京市、广东省、山东省、上海市，西部地区的重庆市，中部地区的湖北省。其中，上海市和广东省在社会保障投入计入竞技体育评价指标后，对竞技体育训练竞赛的投入直接变成了0冗余状态，说明社会保障对这两个省的竞技体育效率影响程度较大。但部分省的竞技体育训练竞赛冗余在加入社会保障指标后反而有所上升，如东部的浙江省和中部的湖南省。这可能是由于这些省的训练竞赛的过度投入，社会保障加入因素使训练竞赛冗余的负担增加；也可能是由于这些省的竞技体育社会保障的资源投入使用不合理。

（2）教练员效率

2013—2016年全国竞技体育人才方面的投入冗余如表8-6所示，仅有6个省（区、市）没有冗余，为黑龙江省、吉林省、河北省、天津市、浙江省、宁夏回族自治区；有24个省（区、市）处于竞技体育人才投入有冗余状态，占全国的80%，说明这些省（区、市）在教练员方面有过度投入的情况。从下降程度上看，如图8-4所示，全国各省（区、市）在竞技体育人员投入方面的冗余有明显的下降（新疆维吾尔自治区、江西省、湖南省除外），全国平均下降了40.4%。这说明社会保障的投入对竞技体育效率测算影响较大，同时，社会保障的投入对竞技体育人员投入效率有促进作用。

从区域层面来看，各区域的冗余下降程度有明显差距，呈现出西部>东部>中部>东北部的特征，分别为51%、48.8%、19.1%、16.6%。这说明社会保障投入的竞技体育人员效率评价有明显的影响，尤其对西部和中部地区更为明显。部分省（区、市）的下降比率尤其明显，超过了50%，如东部的北京市、广东省、江苏省、上海市，西部的贵州省、内蒙古自治区、青海省、陕西省、云南省、重庆市，中部的湖北省。其中，北京市、广东省、上海市等地在社会保障的投入下由有冗余状态变成了无冗余状态。

表8-6 各地区竞技体育人员投入冗余平均值分析

地区	省（区、市）	加入前	加入后	冗余下降百分比/%
东北	黑龙江省	0	0	0
	吉林省	0	0	0
	辽宁省	117.694	59.162	49.7
东部	北京市	19.572	0	100.0
	福建省	261.294	172.666	33.9
	广东省	214.378	0	100.0
	海南省	72.875	39.609	45.6
	河北省	0	0	0
	江苏省	142.084	43.279	69.5
	山东省	209.999	129.190	38.5
	上海市	57.631	0	100.0
	天津市	0	0	0
	浙江省	0	0	0
西部	甘肃省	133.255	67.546	49.3
	广西壮族自治区	250.335	198.016	20.9
	贵州省	27.703	11.094	60.0
	内蒙古自治区	75.615	0	100.0

8　运动员人力资本产权交易秩序构建中保障问题的理论与实证研究

续表

地区	省（区、市）	加入前	加入后	冗余下降百分比/%
西部	宁夏回族自治区	0	0	0
	青海省	3.781	0	100.0
	陕西省	186.897	73.542	60.7
	四川省	33.182	17.715	46.6
	新疆维吾尔自治区	153.732	271.653	−76.7
	云南省	93.006	0	100.0
	重庆市	15.617	0	100.0
中部	安徽省	56.275	52.970	5.9
	河南省	204.467	142.238	30.4
	湖北省	32.319	0	100.0
东北	湖南省	330.706	388.345	−17.4
	江西省	78.309	104.724	−33.7
	山西省	135.129	95.536	29.3

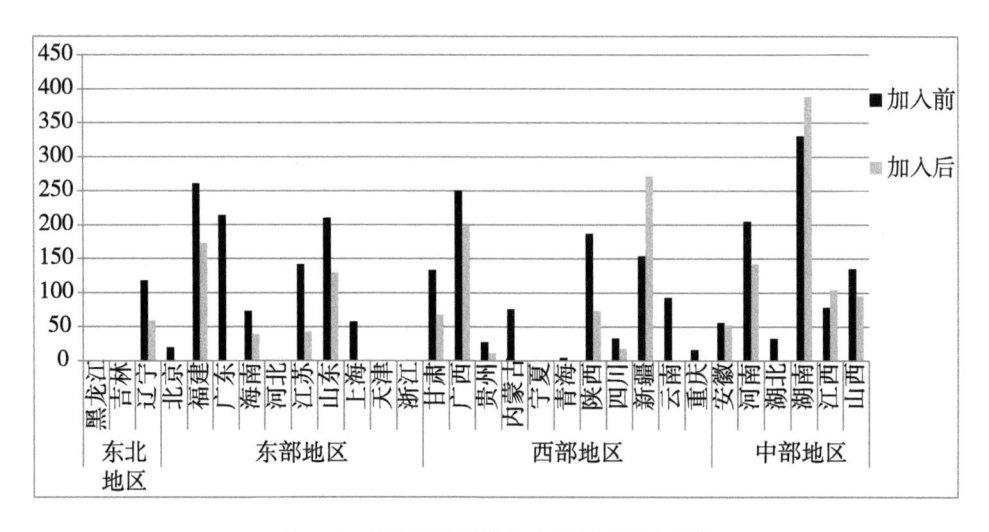

图 8-4　各地区竞技体育人员投入冗余情况

8.3.4 研究结论与改进策略

8.3.4.1 研究结论

应用动态 DEA-SBM 模型对 2013—2016 年我国 30 个省（区、市）竞技体育投入产出效率进行综合评价，将社会保障投入作为外生变量，社会保障因素加入前后效率评价的结果对比显示。

第一，整体而言，我国竞技体育投入效率处于中低水平（0.61），且综合效率呈现出较为明显的区域差距特征，即东北地区最高，东部地区较高，中部地区较低，西部地区最低。

第二，社会保障投入对竞技体育效率评价的影响较大。考虑社会保障投入后的全国各省（区、市）竞技体育投入综合效率提升较为显著，平均提高了17.6%，其中东部地区效率提升最明显，西部和中部地区次之，而东北地区无明显变化。

第三，竞技体育投入效率随着社会保障的逐年投入不断增加。竞技体育投入效率较高的省（区、市）聚集在东部地区和东北地区，这些省（区、市）往往伴随着较高的社会保障投入；而竞技体育投入效率较低的省（区、市）大多位于中西部地区，这些省（区、市）表现出在社会保障方面的不合理投入。

第四，冗余分析显示，全国大部分地区的竞技体育投入存在不同程度的冗余，其中，西部地区冗余最多，然后为东部地区、中部地区、东北地区。社会保障投入对评价竞技体育训练竞赛冗余投入的影响较大，对各地区的影响程度呈现出中部>西部>东部>东北部的地区特征；社会保障对评价竞技体育教练员冗余投入的影响明显，对于各地区的影响程度呈现出西部>东部>中部>东北部的特征。

8.3.4.2 改进策略

（1）完善竞技体育资源配置机制，提高行政管理效率

目前，政府财政投入仍然占据竞技体育投入的主体地位，所以各省（区、市）应进一步完善竞技体育投入机制并优化投入结构。通过引入市场机制，鼓励社会力量参与，创新运动员培养模式，充分发挥市场配置资源的作用。首先，通过政策吸引社会资金投资，尤其鼓励社会力量对中西部地区体育项目进行投资，对有潜力的体育项目进行职业化运作，盘活竞技体育市场。其次，在竞技体育投

入结构方面，按地方实际情况做好竞技体育投入项目和类别的合理配置，注重各项目的均衡发展。最后，提高竞技体育的行政管理与运作效率，以及财政投入资金使用效率，注重竞技体育事业评价的科学性。

（2）加大运动员社会保障力度，促进社会保障的均衡配置

鉴于社会保障因素对竞技体育效率提升的重要作用，首先，应加强运动员的社会保障投入。例如，加强对西部地区教练员的保障水平，加强对中部地区运动员的训练和竞赛保障，进一步推进对东部地区教练员的社会保障。其次，加强对运动员社会保障的管理机制，促进社会保障资源的合理调配与管理效率提升。最后，不断完善运动员收入分配和激励保障政策，健全运动员职业转换社会扶持体系，实现社会保障制度对运动员全面覆盖。

（3）促进东、中、西部合作，实现竞技体育均衡发展

充分挖掘东、中、西部地区竞技体育的资源优势，鼓励各地推广自身特色的项目，促进相互交流，形成东、中、西部协调发展的良性互动格局。为此，因地制宜，结合不同地域情况开展合适的体育项目，打造具有区域特色的优势竞技项目。同时，加强各区域的竞技交流，鼓励高水平教练员和运动员的跨省交流和指导，促进各种项目之间的扩展和学习。

9 运动员人力资本产权交易秩序的影响因素与实现原则、目标、机制

9.1 运动员人力资本产权交易秩序的影响因素

9.1.1 培养体制

随着改革开放市场经济的逐步推进和深入，我国竞技体育发展的内外环境和社会价值发生了深刻变化，原有计划经济体制条件下运动员人力资本产权交易的垂直利益关系出现了不同程度的裂变，并表现出利益主体多元化的特征。为缓解其与国家体育管理体制和机制的矛盾冲突，达到政事分开、管办分离的目标，进行了一系列改革，如推进足球、篮球、排球、乒乓球、羽毛球、网球等职业或半职业的体育俱乐部高质量发展。但是从发展程度来看，我国的俱乐部发展模式仍然处于摸索的初级阶段，项目的发展水平和层次区别较大，很多俱乐部还处于"翻牌子""买牌子"的阶段，只有足球、篮球等少数职业体育俱乐部开始步入"创牌子"的发展阶段[1]。利益主体单一、资源配置方式单一、资源交易平台不宽、大多都按照计划进行、工作机制主要靠行政推动、市场机制和其他手段不完善等，这些典型的计划经济条件下的工作方式和方法仍然不同程度地在我国竞技体育举国体制中存在[2]。社会管理型体制有利于发挥社会各个方面的积极性，也有利于各体育组织内部进行不受外界干扰的有效管理。例如，美国的竞技体育管理体制属于典型的社会管理型体制，政府的各个部门都没有专门的负责体育事务

---

[1] 鲍明晓. 体育产业——新的经济增长点 [M] 北京：人民体育出版社，2000.
[2] 王勇. 中国竞技体育管理举国体制研究 [D]. 吉林：吉林大学，2006.

的机构（图9-1）。但是，美国的社会管理缺乏统一的管理和协调性。因此，如何在新举国体制运行的新时代背景下，凸显和确保国家利益，承认和兼顾个人利益、集体利益和地方利益协同发展，形成利益多元一体的整合机制，是新形势下举国体制进一步提升运行效率和效益必须着力解决的关键问题。

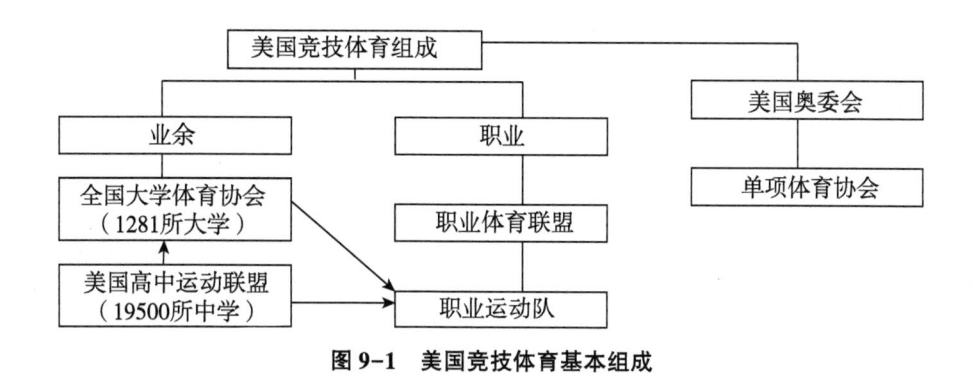

图9-1 美国竞技体育基本组成

9.1.2 政治制度

运动员人力资本产权交易秩序划分不清与我国体育管理高度行政集权密不可分。长久以来，产生于计划经济时代的举国体制管理主体是政府，高水平运动员参与的国内外重大赛事的各项决策都属于政府行为，支撑我国高水平运动员训练比赛的各项物质基础同样也来源于政府财政。这种行为持续了几十年，已经顺理成章成为一种必然的选择，政府包办了体育事业中几乎全部的、重要的、决定性的事务。进入市场化发展阶段，这种政府过大、过严的行政手段出现了很多不适的地方。当高水平运动员希望获得更多利益时，就会出现一定的矛盾。实际上一种良性的发展应当是"提高运动技术水平—赢得社会各界支持—加大发展力度—取得更佳成绩"，更多的依托社会、面向市场联合发展，而不是进一步依靠政府。

9.1.3 经济制度

运动员人力资本产权在有运动员实体出现的那一刻就已经存在了，由于人们的思想形态和物质追求受当时社会发展环境、经济基础的影响，产权问题无法得到足够重视。经济与体育的关系与政治的从属垂直性关系有很大不同，但在人类社会中，经济体制往往起基础性作用，体育体制的具体运行方式和一系列工作方法与内容必然受经济体制运行方式的影响与制约。例如，在我国竞技体育举国体制中，国家投资、政府办，虽然进行了一些改革，取得了不同程度的进步，但仍然与社会主义市场经济的基本要求还有一定的距离。造成这种现状的原因是多方面的，但按照经济学的解释这是在计划经济体制下形成的"路径依赖"（Path Dependence）。制度经济学中的"路径依赖"理论，是指当一个制度成熟后会形成路径定型，制度的变迁会受到制度遗产的约束。我国竞技体育举国体制是在计划经济体制下产生和形成的，在它运行过程中必然会受计划经济的规约，从而形成与母体制相匹配的制度运行路径，并且这一路径一旦定型就会形成巨大的惯性，从而产生路径依赖。尽管在当代中国社会中，计划经济体制已经基本被社会主义市场经济体制所取代，计划经济体制对竞技体育举国体制的现实约束也已悄然逝去，但举国体制在计划经济体制下形成的制度路径仍有很大的惯性，不会随着计划经济体制的改变而立即改变。

商业活动的涉足对竞技体育举国体制的实际运作产生了影响，如运动员个人自我价值实现形式的多样化与举国体制核心目标一元化的矛盾、地方体育行政部门和国家体育行政部门在工作绩效评估上的差异，以及体育系统与非体育系统在资源配置、发展空间等方面的矛盾日益显现。客观地讲，问题的出现和发生与社会转型、经济体制转轨带来的利益格局多元化，运动员、教练员和地方体育行政事业单位要求国家利益的价值实现中承认、兼顾与回馈各自利益的诉求有关。因此，如何根据竞技体育举国体制运行的时代背景，在凸显和确保国家利益的前提下，承认和兼顾个人利益、集体利益和地方利益成为亟须解决的问题。1989年发布的《国家体委关于国家体委各直属企事业单位、单项体育协会通过体育广告、社会赞助所得的资金、物品管理暂行规定》中提到，凡直属公司、企事业单位和国家体委各司、各单项体育协会合作，向国内外组织的重大赞助、广告活动，以收抵支后的纯收入按5:5分成。特殊情况的，双方另作协商……个人从体育广告、赞助活动中获得一般性奖励和劳务性收入的，应按《中华人民共和国个人收入调节税暂行条例》的规定处理。此项规定虽然没有明确运动员的产权分配问题，实际上已经对运动员产权利益及其主要的商业利润获得进行了比较具体的比例分配。

事实上，随着经济的发展，商业与体育的联系越加紧密，国内运动员的商业性活动除广告外，还包括出席商业仪式（剪彩、发布会等）、商业慈善活动，参加商业比赛、商业性娱乐节目，加盟影视、娱乐界等诸多内容，国家体育相关部门并没有对这些做出明确规定，造成了各方利益冲突。

9.1.4 市场化程度

市场的完美程度决定市场的公平与效率，直接影响运动员人力资本所有者的交易选择和交易效率，并为运动员物质资本和人力资本产权交易的合理定价和配置创造初始条件。虽然我国走的是增量式市场化改革道路，但运动员人力资本交易市场仍然存在训练队与职业俱乐部的分割状态。一方面训练队沿袭以行政任命为主的用人模式；另一方面职业俱乐部在劳动力市场和人才市场通过交易契约获得人力资本的使用权。发达的人力资本交易市场可为运动员人力资本产权所有者和物质资本所有者提供更多选择。垄断性的人力资本产权市场（如工会垄断、经理人力资本产权专用性的垄断）可通过提升谈判能力而提高运动员人力资本产权交易的权益份额。在存在"内部人"（人力资本产权所有者）有限理性、机会主义倾向和复杂行为的前提下，外部的人力资本产权交易市场有利于增强对运动员人力资本产权所有者的监督，减少其在谈判中的过多知识和信息的不对称性。在其他条件一定的前提下，市场或同行业的薪酬和惯例做法往往对运动员个人的产权交易秩序起到十分重要的参考作用。因此，运动员人力资本所有者和需求者在价格机制的作用下实现运了动员人力资本产权的公平交易，保证了运动员人力资本产权在全社会范围内的配置效率。

9.1.5 信息传导力

信息的传输对市场的运行效率有重要影响。市场的信息传导机制越完善，越能保证交易的公平、公正与透明。人力资本产权交易的信息传导力主要包括信息准确性、信息全面性、信息时效性、信息透明性、信息专业性。信息传导力主要是通过实现信息共享，促进交易达成。运动员人力资本产权交易秩序的市场信息传导机制的目标主要体现于：在发布运动员人力资本产权交易信息的基础上，利用市场引导价格形成，确保交易信息必须是真实可靠且全面的。同时，信息传导力应该保证能最大限度地发挥运动员人力资本产权交易市场优化资源配置的作用，实现运动员人力资本产权的最大效用。人力资本产权交易过程便是产权转让者寻找受让者，受让者选择转让方的过程。因此，为了实现人力资本产权的交易，必须保证信息的透明性，保证投资者公正、公平地得到资源。

9.2 运动员人力资本产权交易秩序的实现原则

运动员人力资本产权交易是社会生产力水平发展到知识经济时代的产物,坚持自愿原则,维护自由平等的个人权利是运动员人力资本产权交易秩序稳定的前提。投资原则切实保护了各投资主体尤其是功利性交易主体的投资利益。此外,运动员人力资本产权交易的进行,还离不开市场、契约、保险原则。只有坚守原则,才能更好地处理好双方的交易关系。

9.2.1 自愿原则

我国《宪法》第三十三条规定:"中华人民共和国公民在法律面前一律平等。"《劳动法》第十七条规定:"订立和变更劳动合同,应当遵循平等自愿、协商一致的原则。"由此可见,我国《宪法》和《劳动法》保障公民的人权和劳动选择权,规定了人力资本的私人产权性质,明晰了人力资本的产权边界。首先,社会提供运动员人力资本产权交易在一定阶段是确定的,但由于优秀运动员人力资本产权投资具有周期长、投资量大、高等教育选拔性的特征,运动员人力资本市场上呈现出优秀运动员人力资本相对稀缺、普通运动员人力资本相对过剩的不平衡状态。其次,竞技体育人力资本市场的分割状态限制了人力资本所有者的再选择,主要表现为公共部门的人力资本所有者因留恋以社会声望、成就感、安全感、完备的福利为内容的"国家租金"而打破公共部门的壁垒,致使很多运动员放弃进入市场部门并选择更适合自己的人力资本交易方式。运动员的人生经历和职业价值观也是限制运动员人力资本产权交易的主观心理因素。因此,运动员人力资本产权交易是"有限理性"的行为。

9.2.2 投资原则

对运动员人力资本而言,人力资本除了可以通过另一方投资形成,还可以通过运动员对自己进行投资,增加自身的人力资本存量。受国家"举国体制"投入性质的影响,运动员无形资产的拥有者是各个单项管理中心,这种投资和培养的模式在一定意义上形成了"运动员为国家所有"的观念,并体现在国家体委的文件中。1996年国家体委发布的《关于加强在役运动员从事广告等经营性活动管理的通知》中规定:"在役运动员的无形资产属国家所有。"随着市场经济的发展和市场竞争的日益激烈，职业运动员把体育运动作为一种谋生手段，将其自身的竞技能力以商品的形式出卖，从而获取劳动报酬。在我国运动员人力资产权交易过程中，主体是由投资者（国家、企业、家庭、个人等）、管理者（国家、俱乐部、学校等）、施教者（教师、教练）、受教者（运动员）等共同组成的。从产权经济学来看，产权交易秩序的界定，一般按照"谁投入、谁受益"的原则进行[①]。长期以来，我国的体育产权交易一直由国家政府掌握，大部分项目的运动员在比赛、训练、装备、吃穿住甚至工资补贴上均由国家负责。伴随市场经济的发展和竞技体育职业化进程的加快，社会力量、企业、家庭多元主体投资竞技体育的发展模式，是当前市场经济体制下体育职业化改革的典型范例。因此，在运动员人力资本产权交易过程中，要积极维护、协调各投资主体的利益，明确利益分配，避免利益冲突。

9.2.3 市场原则

社会的资源配置方式可以划分为两种：市场交易和计划交易。运动员人力资本产权交易是采取市场交易还是采取计划交易，除了受社会的基本政治制度制约，主要取决于运动员人力资本产权交易制度安排。一般而言，在运动员人力资本产权属于国家的情况下，运动员人力资本将由政府统一按照社会经济发展计划交易，单个人力资本载体对自身的人力资本没有独立的自主支配权，也没有选择项目自由权和迁徙自由权，只是被动地服从政府的安排，几乎不会从产权的成本和收益角度考虑人力资本的流向和使用，所以运动员人力资本产权的国有制决定了人力资本产权交易只能采取计划交易。在运动员人力资本产权属于人力资本载体的情况下，个人权利与政府权力分离，个人对人力资本的权利是自主性的，它既表现为运动员人力资本所有权和利益归属等的静态权利，也表现为个人对人力资本根据自己的利益自由地加以充分利用的动态权利。这时，运动员人力资本产权和物质资本产权的分离就有了利益上的联系，个人想获取他人财产的使用权，必须以向这些财产的所有者支付回报为前提，以等价交换形式进行交换，由此决定了市场交易原则的存在，所以运动员人力资本产权的私人所有制决定了人力资本产权交易是市场原则。要通过市场交易运动员人力资本产权，就必须建立运动员人力资本市场，没有运动员人力资本市场就很难有市场原则的存在。因此，运

---

①陈勇军. 产权理论与我国体育产权制度的改革［J］. 南京体育学院学报，1997（5）：5-12.

动员人力资本市场形成和发挥作用的基础就是运动员人力资本产权制度的确立。

9.2.4 契约原则

市场经济条件下，契约是运动员人力资本产权交易的桥梁和纽带。契约交易以明晰的私人产权为基础，不仅要求财产权利具有排他性，而且要求其具有双方平等、签订自由、受法律保护等基本特征。因此，运动员人力资本所有者和人力资本需求者通过理性判断、平等协商及依法履行权利，最终形成高效规范、自由竞争的人力资本市场。现代市场经济的契约经济性质因契约不完全性建立了运动员人力资本产权保护制度，使契约的调整范围更加广泛，其契约原则成为运动员人力资本产权交易市场配置的基础。

9.2.5 保险原则

人力资本产权作为一种财产，以人力资本产权为标志的保险属于财产险范畴，人力资本产权所具有的特征在理论上和实践上均决定了它的可保性。一是人力资本产权作为一种权益或潜在责任，在经济上具有可行性，但各个保险具有的唯一性和非同质性导致保险机制中风险集合的作用难以发挥，需要技术的改进和制度的完善。二是人力资本产权符合财产保险物，具有客观具体的货币价值条件。三是人力资本产权保险符合被保险人与保险物的关系条件，即被保险人因保险物的安全、完好或免于责任而受益，因保险物的损坏或责任产生而受到损害。四是保险是资金融通手段。保险业的保费收入可以聚集大量社会资金，保险资金运用于经济社会急需发展的领域和部门，能促进经济社会快速发展，为构建和谐社会提供物质基础。由于运动员人力资本产权使用的领域不同，风险系数差别很大，其人力资本产权交易应根据投保保险的种类及其风险程度的高低确定适当的规则标准。

9.3 运动员人力资本产权交易秩序的实现目标

9.3.1 目标结构

运动员人力资本产权交易秩序的最终目标，是要建立宏观层次上社会交易秩序的目标。社会交易秩序的目标最直接地表现为使个别的交易活动能够增进或至少不损害社会利益。社会利益包括物质利益（效率）和非物质利益（公正）两个方面。因此，我们最终可以将社会交易秩序的目标归结为公平目标和效率目标。这两大目标将构成交易秩序的目标结构，目标结构的作用在于对实现这一目标的手段进行控制和约束，从而使手段的运用不至于偏离目标所确定的方向。

9.3.1.1 公平目标

公平目标是指法律地位平等、竞争规则平等、机会均等与分配正义，指按劳分配、按生产要素分配与必要的结果公平相结合的分配原则。运动员人力资本产权交易中的公平目标包括运动员人力资本产权所有者拥有法律意义上的平等地位；运动员人力资本产权所有者在人力资本市场上平等交易，在平等的竞争规则约束下参与运动员人力资本市场竞争；运动员人力资本产权市场上交易主体的信息高度共享，信息技术畅通无阻，公开透明。目前，主要从机会均等、交易公平、分配公平三方面探讨公平目标的实现。

9.3.1.2 效率目标

效率目标不是简单的经济学概念，而是生产效率、制度效率和社会效率相统一的价值目标。运动员人力资本产权交易中的效率目标包括实现价格机制和供求机制等市场机制在人力资本产权交易配置上的基础性作用，建立竞争性的产权交易分配机制，增加社会财富总量和社会总福利。

9.3.2 目标实现次序

上述已分别论证了设计与实施公平目标和效率目标的重要性。但是，这两种目标在实践上应遵循怎样的次序（优先性）以及应选择怎样的方式实现？目标实现次序问题，我们主张公平目标优先。

从理论上说，公平目标和效率目标的设计和实施，将有助于使个别的交易秩序达到社会的交易秩序。因为不仅这两大目标之间在基本道德上（不损人利己）是相容的，而且这两大集体目标与个人所追求的物质利益和非物质利益的目标也是激励相容的。然而，公平目标与效率目标之间的道德相容性是有限度的，它们在更高的道德标准（互利原则）上会发生抵触。具体地说，以帕累托最优原则为代表的效率目标可能违背互利的公平目标。在这种情况下，就需制定一种目标优先性的原则来防止目标之间可能发生的抵触，从而有效地指导目标的实施。

因此，基于罗尔斯的优先原则，拟将公平目标置于优先地位，具体描述如下：从价值上说，公平目标所依据的道德标准要较效率目标所依据的道德标准高。公平目标占据优先地位，可以使效率目标中所包括的道德目标充分实现，即公平目标的实现可以在长期中维持每个人特别是社会最不利者的权益和尊严，是对所有人都更为有利的原则。从功效上说，可以保证有关行为或交易能够较充分地实现效率目标。在公平目标中，机会均等原则和互利原则对实现效率目标尤为关键。事实上，一个以等级和特权为特征的社会是难以形成自愿交易自由选择和平等竞争的市场条件的，无法形成生产资源的优化配置，当然也不会出现帕累托改进。另外，互利是社会合作的基础，缺乏互利，必然使交易双方失去信任，由此交易合作秩序也无法得以持续和扩展。因此，机会均等原则和互利原则不仅是一种正义直觉的要求，也是实现个人效益和集体效率的基本社会条件。公平目标中的第三个原则——最小差别原则，在形式上是对效率目标的结果再分配，它与效率目标的实现无关。对社会最有利者的保障来自最小差别原则所缔造的社会和平状态，因而可以产生不同的激励，特别是对社会最不利者的补偿，将有效改善这一社会群体的人力资本，从而有助于提高全民族、全社会的基本素质，这对增进国民经济效率是至关重要的。在经济发展中，效率是结果，公平条件的实现才是原因。

9.3.3 实现方式的选择

确立公平目标优先的战略，对社会交易秩序的实现具有关键性的意义。公平目标优先战略既是集合的或社会的选择，也是个人的选择，它的实现既可以通过个人之间交易的方式达到，也可以通过"其他协调机制"，如政府强制的方式达到。我们面临的就是如何确定一个一般的原则，以规定在哪些情况下，可以由个人通过自愿的交易来达到公平和效率目标。通过个人选择和自愿交易，实现公平和效率目标的方式需要一个较为完善的"道德共识"条件，而在现实中，我们可能不具备或不充分具备这个条件。例如，个人可能缺乏有关个人利益与公平—效率的公共利益相容的知识，也可能对非公平的制度活动有特殊的偏好（如种族歧视、性别歧视），尽管这也会损害他个人的利益。在这种情况下，一个比较可行的方法是委托一个具有充分社会权威的组织来强制执行社会制定的公共目标。政府所做的是在个人选择实现公共目标失败时或有可能失败时，运用其特有的权威和力量予以补救或进行补充。因此，在我们说政府强制是必要的时候，我们还需清楚地认识到政府方式的成本和限制。

9.4 运动员人力资本产权交易秩序的实现机制

运动员人力资本使用过程中的价值实现是人力资本产权交易双方在追求个人利益最大化的基础上展开的双向互动。交易活动只有达到协调一致才能维护交易各方的相互利益，交易也因此得到维持和扩展。运动员人力资本产权交易秩序的实现，蕴含于运动员人力资本产权交易过程的实现机制。运动员人力资本产权交易制度化改革的过程中，需构建包括管理、激励、契约、保障、监督、评估在内的完善的实现机制体系，提供有利于交易秩序拓展的管理方式、激励结构、权威规范和信念系统，使运动员人力资本产权交易秩序得以自我维持，获得稳定性和持续性。

9.4.1 管理机制

管理机制是由若干子机制有机组合的一个完整的有机系统，具有内在性、系统性、客观性、自动性与可调性等特征。高效规范的运动员人力资本产权交易秩序的管理是竞技体育市场交易可持续发展的不竭动力。因此，以下将从专业运动员、职业运动员两方面进行论述。

9.4.1.1 完善我国专业运动员人力资本产权交易的管理机制

建立和完善专业运动员人力资本产权交易的管理机制就是管理运动员人力资本供给者与需求者，并为实现各自利益的最大化而进行自利性的博弈行为。

(1) 建立专业运动员人力资本产权市场交易的管理秩序

政府体育行政部门要转换观念，尊重运动员人力资本产权，确保运动员人力资本载体拥有其所有权，并能自由处置其人力资本，从而形成运动员人力资本市场上的供给主体。政府的管理职能主要是组织与实现运动员人力资本产权的供给，进行宏观调控，建立体育良性发展的运行机制，维护市场规则，保障交易秩序的公平公正，积极扶持体育产业的发展。目前存在的主要障碍为专业运动员人力资本的投资方式所造成的投资主体复杂化。在我国运动员人力资本产权的管理机制中，政府主要以两种管理角色参与其中：一是对竞技体育从政策、法规、税收等宏观调控层次参与运动员人力资本产权的管理；二是通过国家体育事业的各个运动项目管理中心和项目协会来管理运动员的人力资本产权交易秩序。运动员人力资本投资是分3个阶段相继完成的，三线运动员培养属于业余训练、二线属于半专业训练、一线属于专业训练。三线运动员业余训练的性质决定了政府投资属于义务的性质或是一种国家责任，可以看作是福利性投资，政府应该放弃投资所形成的人力资本产权。二线进入一线通常意味着运动员人力资本产权的初次交易，如果要实现运动员人力资本的市场化交易，就要求运动员能够自由处置其人力资本。二线运动员政府投资性质判定直接决定运动员人力资本产权初次交易时产权的完整性，此阶段政府投资的性质可以看作是运动员以未来人力资本使用权为交换条件对地方政府进行融资。一线运动员人力资本投资是运动员为了实现人力资本所有权的价值和获得他人投资实现人力资本的存量增加，以人力资本的使用权、经营权、收益权、处置权为条件进行的一种交换或交易行为。对专业运动队而言，这是对运动员人力资本使用权的租赁。这种交易的本质特征是运动员向作为投资方的政府体育部门出租自己的人力资本，以薪酬和国家租金（政府提供的荣誉、退役安置、免试上大学、优秀运动员"三金一保"等）等形式获得收益，实现运动员人力资本的价值。因此，各项目管理中心等政府部门应从全能政府管理转变为权力有限政府管理，从行政治体转向依法治体，结合政府机构改革，进一步实行体育工作政事分开、官办分离，政府主管部门要在加强宏观调控、政策引导、行政监督、组织协调等方面下功夫，切实转变管理方式和管理作风，提高工作效率，做好运动员人力资本产权的各项管理工作。

（2）强化专业运动员人力资本产权市场交易秩序的制度设计

既要保护运动员的人力资本产权，又要保护地方政府体育部门作为投资者的利益是专业运动员人力资本产权交易秩序设计的初衷，其主要体现在以下两点。一是改革运动员注册制度，以运动项目为单位建立全国统一的专业运动员人力资本市场。建立全国统一的运动员人力资本市场可以打破运动员人力资本交易与流动的地域限制，杜绝二线运动员与投资方的利益。一方面，运动员只有通过统一的交易平台才能与专业运动队签订合同，获得参加全国比赛的权利，从而取代运动员注册制。另一方面，全国统一的交易平台能为运动员提供一个多样选择的机会，通过运动员人力资本性需求者的竞争提高人力资本产权价格，亦使专业队更加合理配置资源。二是建立运动员人力资本投资者的利益保护机制。利益保护机制应该分为两个层次：保护输送运动员的地方培养单位的利益；保护地方培养单位所在省、自治区、直辖市的利益。对地方培养单位利益的保护，建议通过建立青少年运动员培养基金来补偿，青少年运动员培养基金的资金应来源于运动员输入单位，避免使用转会费来保护培养单位的利益，主要原因为：二线运动员应属于业余运动员身份，人力资本产权处于完整状态，收取转会费缺少理论依据；运动员人力资本的形成中，运动员本人投入的天赋、精力、时间、健康，以及放弃其他选择的机会成本是难以度量的，也就是说内部投资与外部投资的权重难以确定，造成投资成本也难以确定；运动员人力资本投资方具有地位优势，转会费极有可能被用来当作阻碍运动员人力资本自由交易与流动的手段，不利于运动员权益的保护。保护地方培养单位所在省、自治区、直辖市的利益可采用赋予其优先签约权的形式来实现。具体而言，如甲省培养的某二线队员要与乙省签约，必须征求甲省主管部门同意，若甲省不同意，则必须在一定期限内以和乙省相同的条件同运动员签约，超过期限则被认定放弃优先权。

(3) 借鉴职业体育发展模式，加快专业体育管理体制转型

职业体育的发展模式相较于我国传统的举国体制模式，具有相对较高的市场化程度，是利用市场机制对运动员人力资本供求进行调节的组织形式，通过价格机制、谈判机制、契约机制、供求机制等的相互作用，实现运动员人力资本产权的配置[1]。在资源配置形式下，运动员人力资本产权多元化主体间的关系更加清晰，各方的权益更加明确，能够促使运动员人力资本创造更大的社会价值、经济价值，降低流动成本。在我国，部分具有较好的群众基础与市场适应能力的运动项目已经完成了向职业体育的过渡，并在不断完善中逐渐形成了以运动项目为基础的体育产业，出现了半职业半专业运动员与职业运动员新身份。相应地，在职业体育发展模式下，职业运动员个体及其人力资本的流动遵循的是市场规则，并形成了具有市场基础的职业运动员人力资本产权交易秩序，这为运动员人力资本进行效益转化提供了空间。产权依靠市场自由流动追求效益的最大化与各产权主体的行为期望是契合的，有助于实现运动员个体经济效益的最大化，发挥产权制度的机理作用[2]。这种高度市场化的产权流动形式，能够直接降低产权交易成

---

[1] 许延威. 我国职业运动员人力资本产权交易制度研究 [J]. 武汉体育学院学报，2017，51 (5)：39-43，79.
[2] 王永荣，沈芝萍，沈建敏，等. 中国职业体育制度的形成及其运动员人力资本产权制度安排的合法性 [J]. 天津体育学院学报，2009，24 (4)：353-357.

本，提高运转效率，有利于开创运动员人力资本更大的价值空间。这种管理方式是建立在尊重运动员个体权利与自主选择权基础上的，个体从隶属集体的契约关系中归还自由，运动员参加职业联赛的行为完全是个人的自主选择，通过个人竞技表现获取相应的收益，同时，也要承担来自市场的风险。对我国专业体育而言，职业体育的实践经验为专业体育的发展转型提供了借鉴，加快专业体育管理体制转型，更多地依靠市场的力量扶持运动项目发展与支持运动员成长。在转变的过程中，政府应扮演主导角色，结合理论研究与实践经验，逐步完善领域顶层设计，并制订转型实施阶段计划。对商业化程度低的体育项目进行市场化发展引导，完善专业运动员管理模式，使其逐步向职业化过渡，依靠市场的自由调节追求运动员人力资本价值产出的最大化。

9.4.1.2 改革我国职业运动员人力资本产权交易的管理机制

(1) 采取有效措施增加职业运动员人力资本产权供给

基础训练阶段正好与我国青少年九年义务教育阶段重合，如果放到教育系统就可以最大限度地覆盖我国青少年群体，有利于发现更多的好苗子。依托教育系统进行基础训练可以降低青少年运动员的机会成本和不确定性，同时，教育系统的非营利组织的性质也可以降低青少年运动员家庭的经济成本，加大职业体育俱乐部梯队建设。成为职业球员并获得高额经济回报是对青少年运动员及其家庭投资进行激励的重要手段，因此要加强职业体育俱乐部的梯队建设，保证基础训练阶段涌现的优秀青少年运动员在完成九年义务教育的基础上可以进入职业体育俱乐部的梯队接受高水平的训练，但必须保证运动员能够继续接受相应的文化教育。此外，要在高中和大学建立高水平的联赛，特别是拥有优秀教育资源的高中和大学要成为联赛的主体，以此作为降低青少年运动员及其家庭投资机会成本的手段。对没有进入职业体育俱乐部梯队的运动员或者进入梯队但最后没有成为职业运动员的青少年，高中和大学联赛的建立，能为他们提供更多的选择机会，而且具有优秀教育资源的学校对青少年家庭来讲，也是降低其运动员人力资本投资不确定性的一个重要激励手段。

(2) 采取有效措施打破俱乐部的买方垄断，保护职业运动员权利

一是明确职业运动员劳动者的地位，保护职业运动员合理的自由选择权与自由流动权。我国《劳动法》第三条明确规定："劳动者享有平等就业和选择职业

的权利。"可见，职业运动员的自由选择权与自由流动权是法定的权利。保护职业运动员的自由选择权与自由流动权与妥善处理运动员人力资本形成过程中的投资关系和运动员的转会与交流问题密切相关。

目前，我国职业体育体制对运动员人力资本投资关系的保护主要倾向于物质资本方的保护，采用的手段主要是优先签约权。优先签约权是国际足球领域保护职业体育俱乐部在运动员青训阶段人力资本投资专用性的通行办法。我国对俱乐部自己培养的运动员初次与俱乐部签约的合同期限规定为篮球是3年加2年，足球为5年，这个期限比较合理。但优先签约权不利于保护运动员的利益，若职业俱乐部用低薪与运动员签约，存在侵害运动员合法权益的问题，因此需要采取有效措施保障运动员的薪酬达到合理水平。主要建议为：首先，通过协商对新秀运动员合同规定一个明确的底薪，同时规定每年薪水递增的最低比例来保护运动员的基本权益。其次，对受优先签约权限制的运动员引进竞争机制。如果别的俱乐部想要签受优先签约权限制的运动员，可以先和他签署邀请合同，然后由运动员所在的俱乐部来决定是否匹配该合同。所谓的匹配是指运动员现在的俱乐部如果想留住该运动员，就必须拿出一份与邀请合同在基本条款上基本一致的合同来与运动员签约。如果他现在的俱乐部放弃匹配，那么该运动员就可以不受优先签约权的限制，选择和新俱乐部签约。通过俱乐部之间对受签约优先权保护的运动员进行竞争，打破原培养俱乐部对运动员的独占，来保护运动员的权益，但考虑到原俱乐部的培养成本，采用邀请合同与运动员签约的俱乐部应该适当补偿原俱乐部的培训费。

目前，在我国足球运动员转会制度中已经明确规定运动员合同期满可以不受任何限制地自由转会，但我国职业运动员合同期满自由转会的制度还没有完全实行。对劳动合同期满运动员自由转会的限制与我国《劳动法》《劳动合同法》的法律规定相违背，运动员合同期满可以自由转会也是国际惯例，建议修改。目前，职业运动员转会制度中最为突出的问题是关于合同未到期运动员的转会问题。依据《劳动法》的规定，我国运动员也应该具有劳动合同的单方解除权，但我国目前的职业运动员转会制度都不支持运动员单方解除劳动合同的权利，运动员合同未到期，没有俱乐部的同意就不能转会。这里主要涉及两个问题：没有俱乐部的同意运动员能不能转会；俱乐部收取转会费合不合法。欧盟委员会在1998年认定："国际足联制定的有关合同未到期球员的国际转会规则构成了对欧共体条约第81条第1款的违反，即禁止限制竞争协议。"新的《中国足球协会球员身份与转会管理规定》实际上为合同期内球员的自由流动扫清了障碍，兼顾了俱乐部的利益，规定以赔偿费的形式来弥补俱乐部因运动员转会而可能受到的损失。本研究认为，我国合同期未满运动员的转会问题可参照国际足联的规定，承认运动员单方解除劳动合同的权利，保持与我国《劳动法》的一致性；同时，为了保护俱乐部的利益，允许职业体育俱乐部在与运动员签订劳动合同时约定违约金。这样，既有利于维护运动员作为劳动者的合法权益，保障其合法解除劳动合同的权利；也有利于维护职业体育俱乐部的利益，保障我国职业体育的健康发展。

二是设立职业运动员最低薪酬标准，保护普通职业运动员的权益。由于供求关系的特殊性，普通职业运动员面对的运动员人力资本要素市场总是一个买方占主导地位的市场，如果没有外部干预，普通职业运动员的权益将得不到保障。为普通职业运动员设立一个最低薪酬标准，是各国职业体育制度中普遍采用的保护普通职业运动员权益的方法。目前，我国职业体育制度中由于缺少这样的规定，导致年轻队员、替补队员、低级别联赛中的运动员薪酬过低。国家虽然实行了最低工资保障制度，但是我国《劳动法》的规定主要是针对普通劳动者，而各省、市制定的劳动者最低工资标准并不适用于职业运动员。首先，职业运动员与普通劳动者相比，人力资本形成过程中具有更高的机会成本，需要在工资中得到补偿；其次，职业运动员在其人力资本形成过程中具有比普通劳动者更高的经济成本，需要在工资中得到体现；最后，职业运动员人力资本具有使用时间短、职业转化困难的特点，也需要在工资中得到补偿。因此，职业运动员需要制定其特定的行业最低工资标准，以保障低收入普通职业运动员的利益，同时，这样的规定也有利于促进青少年运动员及其家庭对运动员人力资本进行投资。普通职业运动员最低薪酬标准的确定，首先，需要考虑维持运动员及其家庭生活的费用。这个费用可以参考各省市地区劳动者薪酬的最低标准。根据 2022 年的数据，每月在 1600～2400 元。其次，要考虑运动员及其家庭的经济投资成本，这个数额在 50 万～80 万元，如果考虑到运动员人力资本使用的风险性，把运动员人力资本使用年限确定在 5 年，平均每年应该在 10 万～13 万元。最后，运动员职业转换期间维持运动员及其家庭生活的费用，如果把运动员职业转换期限确定为 2 年，把运动员人力资本使用年限确定在 5 年，平均每年应该在 7200～8400 元。经过以上的估算，普通职业运动员的最低年薪标准应该设定在 12 万～16 万元。

9 运动员人力资本产权交易秩序的影响因素与实现原则、目标、机制

(3) 限制职业体育俱乐部之间过度竞争行为,规范优秀运动员的买方市场

一旦运动员获得自由选择与自由流动的权利,俱乐部之间的过度竞争就会提高稀缺性运动员人力资本的薪酬水平,形成一个优秀运动员人力资本的卖方垄断市场。目前,我国部分优秀职业运动员过高的薪酬水平已经成为影响职业体育健康发展的一个主要因素,因此必须进行外部干预,既要对职业体育俱乐部的过度竞争行为进行有效限制,又不能矫枉过正损害运动员的权益。直接限制运动员自由流动的权利,对运动员的薪酬进行限制,虽然可以有效限制职业体育俱乐部之间对优秀运动员的过度竞争行为,但会造成一个职业体育俱乐部买方垄断的运动员人力资本要素市场,使运动员的权益受损。同时,通过直接限制运动员自由流动的权利,对运动员的薪酬进行限制,来达到降低运动员薪酬的方式,面临违反我国《反垄断法》《劳动法》与《劳动合同法》的风险,并且与职业体育的发展方向相违背。这样的方法还会严重扭曲运动员人力资本要素市场的供需关系和价格信号,从而使运动员人力资本要素市场失去配置运动员人力资本,以及对运动员人力资本进行激励的功能。直接限制运动员自由流动和对运动员限薪都不具有可选择性,本研究认为,我国职业体育应该引进对职业体育俱乐部之间竞争平衡进行调节的手段,如发展于美国职业体育联盟中的"选秀制度""工资帽制度""奢侈税制度"。需要明确的是,这些制度的形成是劳资双方谈判的结果,也是劳资双方为了实现各自利益最大化进行合作与妥协的结果。

竞争平衡主要是限制俱乐部之间的过度竞争,但其制度实行的结果也会间接地限制运动员的自由流动权,仍然涉及违反《反垄断法》的问题,需要得到《反垄断法》的豁免。美国法院之所以给予这些制度反垄断豁免,是基于职业体育产业本身的特殊性——职业体育俱乐部为了追求自身利益最大化,彼此之间是竞争的关系,但其生产的竞技体育服务产品是通过双方俱乐部之间的竞赛开展的,如果两个俱乐部之间的实力过于悬殊,就会影响竞技体育服务产品的质量,因此俱乐部之间的关系是竞争兼合作的关系,需要采取有效的措施保持俱乐部之间实力的均衡。"选秀制度""工资帽制度""奢侈税制度"是合理有效地限制俱乐部过度竞争行为的手段,对我国职业体育的健康发展具有较大借鉴意义。但实行"选秀制度"的前提是运动员人力资本产权完整。美国职业体育的选秀对象主要是大学生运动员,美国大学生运动员与学校的人力资本产权交易关系是一种"礼物交换关系",学校并不追索其对运动员人力资本投资产生的收益。而我国

由于职业体育后备力量培养中多元投资关系的存在，"选秀制度"在我国不具备应用的前提条件。"工资帽制度""奢侈税制度"间接限制了运动员人力资本自由流动的权利，因此需要获得我国《反垄断法》的豁免。我国《反垄断法》第二十条第三款规定：为提高中小经营者经营效率，增强中小经营者竞争力的，不适用本法第十七条、第十八条第一款、第十九条关于垄断协议的规定。这样的规定为我国建立职业体育的反垄断豁免制度创造了条件。"工资帽制度""奢侈税制度"有利于促使职业体育俱乐部在运动员人力资本要素市场上采取理性的竞争行为，并且对运动员经济利益的获得只是产生间接的影响，因此具备获得我国《反垄断法》豁免的条件。本研究认为，对在运动员人力资本要素市场上过度竞争优秀球员的俱乐部征收奢侈税和为俱乐部设立工资帽是可行的，但标准不应由体育行政主管部门单方决定，而应该由职业体育俱乐部之间、职业体育俱乐部与运动员充分协商决定。考虑到我国职业体育的发展还处于初级阶段，职业体育的发展需要依赖投资人的投资热情，还需要引进高水平的外援来吸引粉丝，因此应妥善处理大俱乐部与小俱乐部的利益关系，合理确定工资帽和奢侈税的标准。

9.4.1.3 强化我国运动员人力资本产权市场交易的管理机制

市场经济在我国的快速发展对社会各个方面都产生了深刻的影响，体育作为一种特殊的社会文化现象，其管理体制也毫不例外地受到冲击。相较于计划经济体制，通过供给与需求相互作用的复杂社会关系进行市场交易资源的合理配置是形成有序、稳定、和谐的运动员人力资本产权市场交易的基本条件。

（1）建立并完善政府信用监督的管理体系

政府作为社会公众观念与行为的指导，以及国家管理的实体存在，其言行对整个社会来说有着重要的指导意义和符号意义。政府是否恪守信用，在一定程度上决定了整个社会的守信程度。因此，政府信用意识就成了示范意识，政府信用就成了社会信用的风向标。政府不仅是社会信用制度的载体，还会对社会信用产生重要的影响，即政府在社会信用制度安排中起着十分重要的作用，主要表现在信息服务和监督管理方面。从某种程度上说，人才资本的供给信息和企业组织的需求信息属于公共产品，处于特殊地位的政府应该及时准确地获取各方面的信息，并将信息传播到人力资本市场上，让所有的运动员人力资本载体和所有的俱乐部或协会中心都可以分享信息，降低因信息不对称给人力资本载体所带来的产权实现风险。政府在宏观领域进行规划、在微观领域进行调控，是有效弥补人力资本市场缺陷、防止人力资本供需失衡、保证人力资本产权实现的重要手段。因此，政府应对人力资本交易主体的交易行为、交易方式、交易价格进行全程监督和调控，以保证运动员人力资本产权的实现。例如，建立失信约束和惩罚机制，监督信用行业的规范发展，大力扶持和监督信用中介服务行业的发展，积极推动此方面的立法。

（2）建立人才市场，规范体育市场交易秩序

流转顺畅是创设现代化运动员人力资本产权制度的保障，而构建并完善运动员人力资本市场就是在促进其顺利流转的同时，维护正常交易秩序的博弈行为。体育职业化改革以来，运动员培养模式的不同导致其人力资本形成、流动与交易过程中产生的问题也不尽相同，政府相关部门应针对不同的状况采取差异性措施。首先，对专业运动员而言，各地方政府要在体育体制改革及全运会取消各地排名的影响下，加速运动员注册及交流管理政策的改革，完善运动员注册制度，突破行政区划限制，打破人才流转的地域壁垒，从根本上避免地方保护主义，建立全国统一的运动员人力资本市场，把发展思路和视野放在大区域甚至全球范围，推进体育人才实时共享与合理流转。其次，对职业运动员而言，过高的收益水平成为其产权流转不畅的主要原因。因此，相关部门要借鉴美国职业联赛施行的"选秀制度""工资帽制度""奢侈税制度"等促进竞争平衡的举措，学习NBA劳资谈判制度的成熟经验，建立公平、公正的劳资谈判机制，制定合理有效且符合我国国情的竞争平衡机制，在限制各俱乐部之间过度竞争行为的同时，维护各投资主体间的权益，进而规范运动员人力资本产权市场交易秩序。

（3）构建市场的服务体系，提高人力资本配置效率

体育经纪市场是体育市场的重要组成部分，有利于促进体育市场资源流动，提高市场运作效率，降低市场运作成本，维护市场公平竞争。同时，能够有效解决在职业体育市场发展过程中存在的问题，如市场的风险、契约双方不合理的利益取向，以及主体之间的恶劣竞争等。

首先，建立和完善运动员人力资本市场的经纪服务。经纪机构的服务和保障是运动员人力资本市场发育和顺利运行的重要润滑剂。运动员经纪服务功能内容越丰富，服务范围越广，市场的交易成本就越低，人力资本的配置效率也就越高。其次，建设信息流通网络。市场供求变化和经济态势等信息是影响运动员人

力资本市场供求双方决策的基础。因此，体育管理部门应建立运动员人力资本中介服务体系，提升中介服务水平和质量，鼓励有实力的社会资本或运动员经纪人加入运动员经纪市场，并给予其优惠政策支持。最后，扩大体育市场交易的服务空间。随着我国体育市场化进程的加快，我国体育发展战略更要落到实处，以减轻权力市场中的其他场域对运动员人力资本市场交易秩序场域的影响。我国体育政府部门应当充分借鉴体育发达国家的运动员人力资本市场发展经验，做好政府角色转变，逐渐摒除行政干预行为，实现权力下放。这不仅能够减轻政府的经济负担，实现竞技人才资源的可持续获得，还能够促使运动员人力资本市场交易真正体现市场意识，更好地发挥市场资源配置作用。

(4) 强化体制建设，调整利益分配格局

为规避运动员人力资本市场交易失序问题，应尽可能地平衡该实践场域内部行动者持有资本的结构，减少行动主体的过分逐利意识。要做到这一点，需以制度建设为抓手，调整行动者之间的利益分配格局。

完善运动员人力资本产权制度，可以有效地矫正运动员人力资本交易、流动制度约束。运动员人力资本只有在产权清晰的前提下，才能最大限度地发挥其效能。通过制度的完善与规范，强化运动员个人的观念，弱化集体对运动员人力资本的支配，使运动员个人成为其人力资本的主体，并能够自由地处置其人力资本，突破运动员人力资本交易流动壁垒。

强化行动者的自主性，培养良性惯习行为。实现运动员人力资本产权市场交易秩序的和谐发展，必须加强运动员人力资本市场的自主性，培养行动者合理惯习，以更好地维持运动员人力资本市场交易秩序。具体应当从资金筹备与内部规则制定出发：资金筹备上，在运动员成长过程中，应积极拓宽运动员人力资本投资渠道；内部规则制定上，不应仅由体育政府部门独立制定，应当采用民主决策的方式，在反复研讨与论证的基础上形成运动员人力资本产权市场交易秩序。

综上所述，我国职业运动员人力资本产权交易秩序管理机制的改革既需要从运动员个人理性的角度探讨职业运动员管理机制的实现，又需要基于俱乐部或集体层面来深入剖析职业运动员管理机制改革的理论机理与实践路径，最终实现职业运动员人力资本产权市场公平交易的秩序。

9.4.2 交易机制

在现代市场经济条件下，实现运动员人力资本产权的交易机制主要包括以下

9 运动员人力资本产权交易秩序的影响因素与实现原则、目标、机制

四个方面。

9.4.2.1 稳定运动员人力资本产权市场交易的价格机制

价格是稳定运动员人力资本产权市场交易机制的核心。价格层面是指价格形成的机理及价格变动引起的各种经济利益关系调整,以及面对经济活动产生影响的过程和结果,同时可有效调节市场经济的运行。人力资本是投资的产物,运动员人力资本作为生产要素在市场上交易,其价格表现为人力资本的租金或预期利润收益。而以价格机制为核心的市场机制起着合理配置运动员人力资本的基础性作用。运动员人力资本的均衡价格是在市场开放、信息完全的基础上自动形成的。在完善的运动员人力资本市场中,价格的变动反映着运动员人力资本供求关系的变动,从而引起运动员人力资本价格总水平的变动,成为自动调节宏观和微观两个层面上运动员人力资本供求关系的杠杆。首先,运动员人力资本价格应体现人力资本价值和市场需求。运动员人力资本市场的价格由运动员人力资本供求关系,以及运动员人力资本所体现的体育成绩和智育成绩所决定,其价格会通过供求关系的变化和市场评价显示出来,而价格围绕价值波动的价值规律自动调节着运动员人力资本的供求。其次,运动员人力资本价格应具有层级性和多样性特征。运动员人力资本价格既反映着运动员人力资本价值、市场供求变化与受教育程度,也反映着运动员人力资本所有者的偏好选择。最后,运动员人力资本价格应在公开、公正、公平的竞争环境中产生,运动员人力资本产权交易具有主观性和不确定性,特别要求运动员人力资本交易过程中要有公开的信息显示机制和道德失范的惩处机制。

9.4.2.2 完善契约机制,确定运动员的合理分配地位

契约存在的目的是对共同达成约定的双方或多方进行权利与义务的规定,也是保证有序秩序的重要基础。运动员尤其是明星运动员经过长期的训练、比赛过程,积累起具有商业价值的人力资本,在国家、个人及其他形式的主体间形成了人力资本产权关系。通过现代产权观念形成产权主体间清晰的产权关系,是提高生产效率的重要手段,即要形成主体间稳定、和谐、有效的契约关系。不同于计划经济时期,随着市场经济在体育领域的持续渗透,运动员人力资本所蕴含的价值得到了市场的认可与青睐,逐利性逐渐成为包括运动员在内的多元主体的重要诉求。随着一系列运动员收益纠纷事件的发生,这种利益诉求应该得到充分的正

视。缺乏有效激励的人力资本产权制度会对运动员产出产生直接影响，需要通过完善机制，适应市场要求，加强运动员人力资本产权制度建设，突出运动员等主体诉求。在市场经济的背景下，中国运动员人力资本产权的混合性质在一定程度上决定了财产所有权归属问题的复杂性。根据产权理论，产权由人力资本形成的投资主体根据投入比例进行分配。运动员的时间、精力和体力等自身成本的表现不能仅用"工资"作为人力资本来衡量。专业运动员实行的是身份管理，运动员人力资本价值是通过体制内产权流动而实现的。虽然现在也使用协议或合同规范集体与运动员的权利义务关系，但是运动员与集体并不处于话语权对等关系，相较于集体主导地位，运动员更多属于被动的一方，这也为忽视与变相占据运动员人力资本所有权提供了条件。在这种社会关系下，产权的分解并非是由市场交易环境决定的，而是基于专业运动员身份而形成的原始契约。专业运动员具有国家事业单位工作人员编制，所签订的是事业单位聘任合同，这与职业体育中所签订的劳资合同具有本质上的差别。原始契约自形成之时起，专业运动员人力资本衍生出的一系列权能就自动让渡给了集体。在这种集体与个人关系下，专业运动员收益及保障源于行政决策，而不是取决于市场选择。同时，专业运动员也不会主动与集体进行利益博弈，因而专业运动员作为体制存在的重要组成部分并不能通过人力资本产权市场流动，实现对人力资本价值最大化的追求。在这种传统的契约机制背后，隐含着运动员人力资本产权归属问题。专业运动员人力资本形成过程注定其产权主体的多元化，而包括所有权、收益权、处置权等在内的一系列权利如何在多元化主体间分配形成意见统一是专业运动员人力资本产权的核心问题。专业运动员所签署的事业单位聘任合同相较于职业运动员签订的劳资合同，这种原始契约具有以下三种特殊性质。一是运动员薪酬定价刚性。专业运动员薪酬的定价是由国家行政决策决定的，与运动员的等级、年限、参赛情况有关，运动员不具有根据自身人力资本存量与集体进行商讨薪酬的权利。二是运动员选择刚性。以我国省、市、县区域划分为基本依据所形成的三级训练网，以及以全运会为基础的国内竞赛机制，使专业运动员签约单位选择具有地域局限性，不能根据自身主观意识自由选择运动队。三是运动员人力资本流动刚性。在契约执行期间，运动员利用地方所提供的资源进行专项训练，在参与比赛时代表着地方竞技体育事业发展水平，为了保护地方组织训练的前期投入与后期收益，契约的存在约束了专业运动员在地域间的自由转会。

依据马克思的观点，工资只是劳动价值的表现。然而，中国的许多体育组织忽视了运动员对其人力资本产权的追求，导致运动员产权收益纠纷事件频频发生。因此，现阶段国家政府应加快建立健全运动员人力资本收益合理分配制度和运动员人力资本交易制度，加快建立和完善合理的运动员人力资本收益分配制度和运动员人力资本交易体系。国家作为运动员人力资本积累的重要投资主体，在追求赛场上更好的竞技表现的同时，应充分认识到经济、社会环境对我国竞技事业发展格局的影响。运动员是国家精神与利益的代表，同样也是个人利益的代表，对个人发展的追求已然成为运动员提升竞技水准的重要激励因素。在完善立法以有法可依的基础上，还要进一步健全运动员人力资本产权争议解决机制，可以借鉴我国劳动争议处理中"裁审分轨，各自终局"的改革思想，相较于先裁后审的单轨制，裁审分轨的治理思想有助于改善运动员人力资本产权争议处理依赖行政影响力的现状，从而提升运动员人力资本产权争议裁定的权威性。"裁"与"审"的双线并进形式，也能够切实降低争议处理的时间成本，使运动员人力资本产权争议各当事方的合法权益得到及时有效的保障，降低人力资本产权争议对训练、比赛正常进行的影响。坚持"以人为本"的原则，充分考量各当事方尤其是运动员本人的自主性与话语权，改变以往"等待结果"的被动形象。此外，推动代表运动员权益合法组织——"运动员工会"的建立，发挥其在运动员人力资本产权交易契约签订、执行中的代表作用，将运动员分散、模糊的单独意志转化为一致、明确的集体意志，改变个体与组织对话上的劣势，最大限度地接近"完全契约"[①]。

9.4.2.3 增强平等、公平、公正的运动员人力资本产权交易谈判机制

建立平等、公平、公正的运动员人力资本产权交易谈判机制是运动员人力资本产权价值显现的重要渠道和工具。运动员要通过人力资本产权交易实现人力资本价值，其谈判力是运动员能否实现自己利益的契约安排的决定性因素。只有建立平等、公平、公正的谈判机制，才能形成与运动员人力资本价值相匹配的人力资本价格，才能彰显运动员人力资本价值。主要体现在：省级体工队改制为国有化的职业体育俱乐部；改变运动员事业单位聘任合同为劳动合同；进行配套制度建设，如运动员工会制度、经纪人制度、仲裁制度等；合理确定运动员劳动合同的最低和最高年限。由于运动员人力资本具有培养时间长、使用时间短的特点，

---

① 邹月辉，张佳. 逆序冲击下竞技体育的困境及其破解之道 [J]. 体育学刊，2017，24（6）：40-42.

我国运动员的人力资本产权的有效使用年限在 8~12 年，也就是 2~3 个全运年或奥运年，因此，劳动合同的年限过长或过短都不利于保护运动员权益。同时，运动员竞技能力、竞技状态培养也具有周期性的特点，应综合考虑予以确认。此外，还要建立运动员人力资本交易市场的反垄断机制。打破运动员人力资本的地域限制，赋予运动员人力资本产权交易秩序更大的自由度会带来运动员人力资本交易垄断的风险，某些省、自治区、直辖市可能利用经济优势垄断优秀运动员，从而干扰正常的国内竞赛秩序，因此，需要建立反垄断机制予以预防。现代职业体育的发展为我们提供了成熟的经验，可以大胆借鉴，如美国职业篮球大联盟的"工资帽制度"。结合我国职业体育发展实际，建立专业运动员的社会保障机制。运动员人力资本市场化交易打破了运动员对专业队的人身依附关系，原有的以行政区为单位的运动员保障体系也将失效，要建立完善的、多层次的社会保障体系，逐步推动保障的社会化和市场化，建立与专业队相脱钩的养老、医疗、失业等个人账户，形成社会统一保障安全网，从而促进运动员人力资本的顺利交易与流动。

9.4.2.4　深化体制改革与完善立法，有效保障各方交易利益

运动员人力资本产权交易秩序是促进我国社会主义市场经济发展的重要环节，是追求社会进步的重要前提，有利于激发全体社会成员的生产动力与信心，推动市场成熟与深化分工，提高资源利用效率。因此，主要从国家政策的引导力、运动员后备人才队伍市场交易机制的建立两方面来保障各方利益。

(1) 强化国家政策的引导力

国家相关政策致力于为社会提供广泛、公平的产权保障，是国家发展的需要，同时也是新时期国家治理体系与治理能力现代化的重要表现。在国家体育事业发展领域，体育经济正逐渐成为国民经济进步的重要动力输出，体育法学理论与实践更是国家社会法治化建设的重要环节，而当前我国运动员产权开发、流动、保护等方面的法律缺位，体制不完善，迫切需要加快体育专业领域产权立法，完善管理体制。如新制度经济学代表人物诺斯所言，制度在社会进步乃至一个国家的发展中都具有决定性的作用。改革开放 40 多年，我国整体的经济、社会与人文环境都发生了翻天覆地的变化，体育事业也实现了长足发展，也经历着重要的转型发展阶段，由举国体制发展竞技体育转向开展全民体育，由集体荣誉

9 运动员人力资本产权交易秩序的影响因素与实现原则、目标、机制

至上转向以人为本实现个体价值诉求,由单纯体育运动转向多领域融合发展。但是,转变发展不能依靠原有的制度实现一劳永逸,而应通过制度的填补、完善或超前安排,推动有序、健康转变①。对广大专业运动员而言,立体的法律保障体系能够保证他们通过个人优良的竞技表现获取相应的经济收益与社会保障,是实现人力资本产权收益的根本保证。谋求发展,制度先行,在面临市场机会主义、违约等行为引发的产权纠纷事件时,能够依靠法律的途径进行利益诉求,有效规避收益损失的风险。与此同时,管理体制转型与完善立法将进一步规范运动员、政府、企业、高校等产权主体的交易行为,不仅能为运动员更加潜心投入训练、比赛提供稳定的制度环境,提高运动成绩,还能推动体育职业俱乐部的健康发展,加快竞技体育管理整体转型速度。因此,现阶段国家体育事业发展一方面要紧跟国家发展步伐,加快推进领域管理体制改革,形成与社会主义市场经济发展相接驳的体育人才管理体制,推动体育人才资源管理的社会化;另一方面应紧密依托社会发展现状,以改革创造动力,在遵循市场经济发展规律和尊重体育事业发展特点的前提下,充分激发社会力量的巨大潜能,促进其向社会主导的方向转变。

(2) 重视运动员后备人才队伍市场交易机制的建立

对我国竞技体育而言,西方国家职业体育的实践经验为我国竞技体育发展转型提供了借鉴。加快竞技体育管理体制转型,需要更多地依靠市场的力量扶持运动项目的发展,支持运动员成长。在这个转变的过程中,政府应扮演主导角色,结合理论研究与实践经验,逐步完善竞技体育后备人才培养体制,并制订转型实施阶段计划。通过引导商业化程度低的体育项目的市场化发展,完善专业运动员管理模式,帮助其逐步向职业化过渡,依靠市场的自由调节追求运动员人力资本价值产出的最大化。因此,要持续完善运动员奖励制度,运动员通过克服来自心理、身体、技术等方面的重重阻碍,登上最高领奖台,是对自己训练付出最好的回报,同时也是国家的荣誉,是国家社会文明进步的重要体现,理应得到社会的认同与经济回报。因此,国家应主导建立与世界接轨又符合我国实情的特色运动员奖励制度。

9.4.3 风险防控机制

构建人力资本产权交易的风险防控机制,增加交易的可操作性。运动员人力

---

①杨德才. 新制度经济学 [M]. 北京:中国人民大学出版社,2015.

资本产权交易风险控制体系的构建,旨在通过人力资本产权交易的风险回避和责任追究制度的设计,来增加运动员人力资本产权交易的可操作性。其市场交易风险产生的根源主要包括人力资本产权交易以保证人力资本所有者的基本生活为前提、运动员人力资本产权交易违约缺少相应的问责制度、运动员人力资本产权的价值和获利能力不稳定、运动员人力资本产权的价值与运用对人的生命和健康存在绝对依赖等,为此从以下五个方面来构建风险防控机制。

9.4.3.1 完善人力资本产权交易的保险制度

保险是指投保人根据合同约定向保险人支付保费,保险人对合同约定的可能发生的事故所造成的财产损失承担赔偿保险金的责任,或者当投保人死亡、伤残、发生疾病,或者到达合同约定的年龄、期限时,承担给付保险金责任的商业行为。从经济学角度看,保险是转移未来风险,把不确定性损失转变为确定性成本(保费)的有效风险管理手段。人力资本保险制度利用保险工具,通过开发和设立与人力资本产权交易有关的保险产品,减少人力资本产权交易过程中因不确定性而给利益相关人造成的损失。人力资本保险的设立既开拓了保险业务的新领域,也为特定情境下的人力资本提供了转移风险的机会。一是人力资本产权交易租赁模式下的固定租金部分不能低于国家规定的最低生活保障线,浮动租金保证分为按月兑现和按年兑现两部分,充分保障运动员的生活消费,用于家庭生活的维持、人力资本的维护和再投资。二是运动员人力资本出资模式下的人力资本产权运行由于不存在固定租金或固定生活费用,其收益完全来源于俱乐部利润。如果俱乐部亏损,运动员人力资本付出的劳务即为其亏损额;如果俱乐部连续亏损,可能会导致人力资本所有者缺少生活费用。因此,出于保障人权的考虑,人力资本出资企业应允许人力资本出资者预借一定的生活费用,该费用额度以维持人力资本出资者的家庭生活和维护人力资本的再生为底线,以利润收益预期为上限,该借款在每年的分红收益中抵扣,当年不能抵扣的转入下年借款,在下年年终分红收益中抵扣,以此类推。合作期限届满或合作因其他原因终止,人力资本出资者的收益不足以抵扣借款时,剩余部分计入俱乐部成本,人力资本出资者可不承担偿还责任。

9.4.3.2 建立运动员人力资本产权所有者的人身保险

运动员人力资本产权交易的人身依附性特征表明人力资本随生命的消亡而消

亡，随健康的损毁而损毁。自然人的生命和健康充满了不确定性，这使运动员人力资本交易契约的执行面临潜在风险。一旦人力资本所有者生命消亡或健康受损，必然导致人力资本所有者完全或部分丧失履约能力，给交易双方和利益相关人带来无法弥补的损失。为了规避这一风险，对人力资本所有者建立自愿人身保险是一条有效途径。人身保险的保险标的是人的生命、身体和健康，它是通过保险合同的形式，以自然人为保险对象，依照民事法律关系建立的以缴纳保险费为对价取得给付保险金的请求权。保险利益原则是人身保险业务活动的基本原则之一。人身保险应用于人力资本交易契约履行过程大致可以分为以下三种情况。一是人力资本租赁契约履行过程中的普通人身保险。其作为一种人力资本所有者福利水平提高和延伸的需要，以人力资本购买方为投保人或人力资本购买方和人力资本所有者为共同投保人，人力资本所有者为受益人。二是人力资本租赁契约履行过程中的特殊人身保险。当人力资本与人力资本购买方的关系重大时，在人力资本所有者书面同意的情况下，可以签订以人力资本购买方为投保人、人力资本所有者为被保险人、人力资本购买方为受益人的人身保险。保险金额由保险人、投保人、被保险人根据被保险人的实际贡献率协商确定。三是人力资本出资契约履行过程中的人身保险。在人力资本所有者书面同意的前提下，可以投保人身保险。该保险是以人力资本出资俱乐部为投保人、人力资本所有者为被保险人、人力资本出资俱乐部和债权人为受益人的人力资本出资者的人身保险。当人力资本因死亡或健康原因不能继续履行人力资本出资义务时，保险人一次性以货币形式代为履行等额出资义务或代为清偿等额债务。

9.4.3.3 强化运动员人力资本产权交易履约保证保险

履约保证保险是指由保险人以保证人的身份为被保证人向权利人提供信用担保，如果由于被保证人的行为导致权利人遭受经济损失，在被保证人不能赔偿权利人经济损失的情况下，由保险人（保证人）代替被保证人赔偿权利人的经济损失，并拥有向被保证人追偿的权利。借运动员人力资本交易履约保证保险可以开发出适用于运动员人力资本产权交易的保险产品——人力资本交易履约保证保险。

运动员人力资本产权交易履约保险的保险标的是人力资本产权所有者的主观、故意违约行为。人力资本交易契约履行过程中运动员人力资本所有者可能的违约行为包括消极竞赛、谋取额外利益、侵害运动员人力资本租用方或其他投资者的利益、向竞争对手出租人力资本或用人力资本再出资等。保险合同应采用列举方法明确列举违约行为及其界定方法，不在列举范围内的均不在赔付范围。保费可由投保人缴纳，保费的标准根据预测的赔付率或参照同类保险的费率设定。为防止投保人和被保险人合谋骗保等情况的发生，保险人一般要对运动员人力资本所有者（被保险人）和投保人进行诚信评估，并设定最高赔付金额，同时对违约的人力资本所有者保留永久追偿权。

9.4.3.4 设立运动员人力资本交易的责任保险

责任保险属于广义的财产保险范畴，其直接作用为补偿财产损失。财产损失包括三种：直接损失、间接损失、责任损失。责任保险的保险标的是被保险人在法律上应付的民事损害赔偿责任。这里的民事责任是指公民或法人在不履行自己的民事义务或者侵犯他人的民权时，按照《民法典》的规定而产生的法律后果，民事责任包括违约责任（违反合同的民事责任）和侵权责任（违反法律规定的民事责任）。责任保险的赔偿范围是直接损失，以及因赔偿引起的诉讼费用。运动员人力资本产权租赁保险，是为保护运动员人力资本租赁情境下，人力资本所有者在从事业务时因遭受意外导致伤、残、死亡或患有与职业有关的职业性疾病，而依法或根据运动员人力资本租赁契约应由人力资本租用方承担的经济赔偿责任，是承担风险的一种责任保险。

9.4.3.5 增设运动员人力资本产权交易的责任制度

责任制度设计的目的主要是规范运动员人力资本产权所有者的交易行为，从多角度防范运动员人力资本产权所有者及其利益相关人的机会主义行为和道德风险。其主要措施包括以下三点。

第一，履行运动员人力资本产权的违约赔偿责任制度。人力资本产权交易契约一旦签订，立约各方都应切实履行交易契约规定的义务（与法律相抵触的条款除外）。人力资本所有者应按照约定转让人力资本使用权，不得采用机会主义手段侵害其他立约方的合法权益，否则视为违约，违约方应承担法律责任和损失赔偿责任。运动员人力资本产权交易契约应包括符合《合同法》的违约条款，对运动员人力资本产权所有者可能采用的机会主义行为实行严格限制与适当惩处。未投保人力资本履约保证保险的人力资本所有者违约赔偿的追偿权可以直接通过向法院起诉或申请仲裁机构仲裁的途径行使；投保人力资本履约保证保险的人力

9 运动员人力资本产权交易秩序的影响因素与实现原则、目标、机制

资本产权违约赔偿由保险人赔付,保险人依法保留对被保险人(人力资本所有者)的永久追偿权。

第二,增强侵权责任预防与追究制度。经济活动中道德风险大量存在,当这种道德风险演变为获取或保全自身利益而不惜以侵害相关人员人身权利和财产权利为代价时,便构成侵权责任。侵权责任包括赔偿责任和刑事责任。运动员人力资本产权交易中的侵权责任主要指针对契约各方的侵权责任和针对第三方的侵权责任。避免侵权的发生,一靠预防,二靠严厉问责。针对契约各方的侵权责任包括运动员人力资本所有者利用职务之便挪用公款、违反常规地增加职务消费、出卖国家机密或商业机密,以及运动员人力资本产权购买方或合作方无理克扣人力资本租金、延长工作时间、大量增加工作强度、利用控制权胁迫人力资本所有者参与非法交易、利用决策权控制削弱或忽视人力资本所有者的表决权和剩余分配权、针对人力资本所有者实施人身控制和侵害等。侵权责任的预防主要通过交易环境的净化和交易契约的设计来实施。一是把侵权行为作为最大不诚信信息列入个人或公司的诚信记录,对侵权实施人形成交易壁垒,从而起到约束人们侵权动机和侵权行为的效果。二是在人力资本交易契约中把权利与义务在界定清楚的情况下进一步细化。三是对于一些隐含巨大利益的契约内容,应对内容本身及其受益人的确定持非常慎重的态度。例如,人力资本所有者的人身意外保险和人力资本交易契约履约保证保险等,应尽量避免以人力资本租用方或物质资本出资股东为受益人,而宜以债权人等第三方利益相关人为受益人。四是打击侵权需要有严厉的问责制度来支撑。严厉问责制度起作用的机制在于通过提高侵权成本而抑制侵权动机与行为。督促运动员人力资本产权相关交易主体要有风险防范意识,要保护好相关证据,要善于发现证据和整理线索,只有这样才能准确打击侵权行为。

第三,改善替代出资和替代清偿责任制度。运动员人力资本的非凡创造性与不确定性并存。在人力资本出资的情况下,人力资本以劳务的形式在俱乐部经营期限内分期缴付。然而,由于人力资本对人身的绝对依附,生命和健康等原因会导致人力资本出资不能完成,或者人力资本出资者经多数股东同意而改变出资方式,应允许替代出资。当俱乐部因经营不善或符合法定的提前终止清算条件时,运动员人力资本产权出资未到位部分应以其他财产替代补充完整,用于清偿俱乐部债务。倘若运动员人力资本产权出资者不能继续履行人力资本出资义务时,除了按照公司法的相关规定减少注册资本,还要替代出资应予许可。一是人力资本

产权出资者本人用其他财产（如货币、土地使用权、知识产权等）补足剩余应缴出资额，维持俱乐部注册资本不变。二是运动员人力资本产权出资者在出资期内死亡，未缴付人力资本出资部分可由其继承人用其他有效财产缴付，维持人力资本出资者的股份比例，同时，人力资本股权（包括人力资本出资形成的股权和人力资本替代出资形成的股权）由其继承人继承。三是运动员人力资本产权出资者尚未履行完毕出资义务，这时俱乐部经营情况发生变化，或用于出资的人力资本产权发生贬值而对俱乐部收益的正效应减少，或运动员人力资本产权所有者有意改用租赁方式转让其人力资本使用权，经全体股东协商一致，人力资本出资者可用其他有效资产补足未缴付出资部分，对股权结构做出相应调整，到俱乐部注册登记机关办理注册资本变更登记手续。四是当运动员人力资本产权出资者转让股权时，经全体股东一致同意，受让方以等价人力资本继续履行出资义务或以其他有效财产一次性补足转让方未缴付的出资部分。

9.4.4 激励机制

激励机制作为引导运动员最大限度地运用其人力资本产权去实现市场交易的目标手段之一，成为决定运动员绩效评估的关键因素与运动员人力资本产权交易运营成功与否的核心问题。激励制度是对主体权利的确认和调整，其建立和完善是以激励经济主体为中心的，充分发挥了经济主体的积极性与创造性。激励制度把个人收益（成本）与社会收益（成本）相联系，个人收益（成本）与社会收益（成本）是激励制度建立有效性的基础。在竞技体育激励经济主体行为的制度设计中，运动员人力资本产权主要依靠以下两个方面来实现产权交易秩序激励制度的构建。

9.4.4.1 精神激励

（1）以体育道德建设为抓手，促进体育经纪市场可持续发展

体育经纪市场的快速发展有赖于稳定的市场结构，而稳定的市场结构有赖于市场主体良好的实践惯习。回顾体育经纪市场社会结构的发展过程，早期体育经纪市场的制度规范并不完善，体育经纪人专业素质参差不齐、鱼龙混杂，频繁出现无证经营、体育经纪人在运动员不知情的情况下擅自签署商务合同、体育经纪人违反经纪合同、乱收费、服务标准混乱等情况，导致市场内违法与违规行为时

9 运动员人力资本产权交易秩序的影响因素与实现原则、目标、机制

有发生，造成了体育经纪市场的混乱发展。这些混乱的主要原因是市场内的道德建设尚有欠缺。在市场发展过程中，主体的实践惯习与市场是互构的关系，主体的实践惯习对市场结构有建构意义，反过来市场结构也约束着主体的实践惯习。场域中的惯习既具有道德的逻辑，又具有实践的逻辑，它是场域行动者适应社会关系网络的结果，同时又是影响社会关系网络动态发展的原因[①]。因此，通过紧抓道德建设来引导规范体育经纪市场内实践者的惯习，规整"构建结构"，使各方主体按照有序的行为逻辑扮演好自己的角色，对推动体育经纪市场和谐有序发展至关重要。一要强化体育道德建设。体育经纪市场中的混乱大多为"逐利而舍德"，虽然法律对实践者有强制的规范作用，但凡事都依靠法律规范并不现实。德法共治才能推动体育经纪市场有序发展。因此，应加强体育德育工作，加强责任意识、契约精神及公平意识的培养，以德育促进德行。二要加强舆论引导，形成良性惯习的市场环境。舆论的控制机制是通过广为传播的舆论形成一种社会氛围或实践风气，使市场内的实践者不自觉地服从或遵照舆论的导向与制约，可以通过电视、微信、抖音等媒体平台，以及新闻报道、体育道德教育等多种方式，对市场内良性惯习实践者进行宣传，对示范案例进行分析及曝光，以此构建一个诚实、守信、自律、遵规守纪的市场舆论环境。

（2）提高运动员非经济性薪酬奖励

当前我国奖励运动员的手段以经济性奖励为主，而对运动员的非经济性薪酬奖励的重视程度远远不足。非经济性薪酬也叫作非货币薪酬，是指个人对工作本身或在心理和物质环境上对工作的满足感。非经济薪酬一般包括内在薪酬：参与决策、工作认可、学习机会、多元化活动；外在薪酬：特权、优越的工作环境、荣誉、社会地位等。运动员由于职业的特殊性，具有投资时间长、收益效益短的特点，要想获得优异的成绩必须投入较高的成本。且运动员在人力资本形成期间要承受超高的生理负荷，牺牲了宝贵的受文化教育时间，导致他们退役后二次就业困难。这些都说明了在运动员体育奖励体系中存在非经济薪酬奖励不足，文化教育、退役保障和职业规划等关键问题始终没有解决。因此，提高运动员的非经济薪酬奖励，重视运动员的文化教育，以及退役后的社会安置、养老保险等福利的安排成为解决这一问题的手段。

[①]张龙辉，艾虹. 社会场域理论视角下资本与权力互动：实现社区良善治理形态进路分析[J]. 理论导刊，2020（7）：87-94.

(3) 树立物质奖励与精神奖励并重的理念，提高非物质奖励价值影响力

尽管我国的体育奖励注重物质奖励与精神奖励相结合的理念，但是随着经济社会的快速发展，奖励逐渐向物质奖励偏重，非物质奖励的奖励范围较小，力度不大，且社会大众对体育非物质奖励的认可度也不高。因此，我们要认清物质奖励与精神奖励的关系，物质奖励与精神奖励是辩证的统一体，二者缺一不可。物质奖励是精神奖励的基础，精神奖励是物质奖励的升华，非物质奖励是满足运动员自我实现与尊重需求的重要组成部分。树立物质奖励与精神奖励并重的理念，对运动员自身的约束和提高社会的认可度有重大的意义。因此，在授予优秀运动员、教练员等非物质奖励时，应以权威隆重的仪式对获奖的运动员进行表彰，颁奖的地点可选择一些意义重大的地方，并邀请国家领导人或知名人士对其授奖，彰显出国家对作出巨大贡献的运动员的肯定，以及对体育事业的支持。除此之外，结合相关的电视媒体、网络等对颁奖仪式进行现场直播，大力宣传运动员的优秀事迹和体育精神，为广大青少年树立榜样。这样不仅满足了运动员的尊重需求，也体现了他们的个人价值，有利于促进他们勤奋刻苦、坚持不懈地训练，发扬顽强拼搏的职业精神，也使广大民众加深对非物质奖励的认识，从而提高非物质奖励的影响力，提升运动员品牌价值。

(4) 加强非物质奖励的制度建设

完善获奖主体非物质奖励制度，有利于引导运动员树立正确的人生观、价值观、金钱观。改进和完善非物质奖励制度，促进优秀运动员非物质奖励制度有效实施的难点和重点在于制度的建设与创新。首要任务就是从我国实际出发，在现有的非物质奖励制度的基础上，依据现行体育奖励的制度特点，结合运动员个人实际发展和需求，科学、系统地构建一套属于运动员非物质奖励制度的政策文件，进一步强化非物质奖励的作用，创新精神奖励的内容。同时，根据社会环境的变化，对已形成的非物质奖励制度作出及时调整和完善，加强奖励制度执行情况反馈机制的建立，保证非物质奖励制度的有效性。此外，要加大奖励对象的非物质奖励力度，尤其是对没有取得冠军的运动员，对他们付出努力后所取得的成绩同样要给予高度的认可和赞扬，体现制度的公平性。这有利于让他们认识到自身的价值，也能更充分地调动他们训练的积极性，使其更加努力地创造更优秀的成绩。

9 运动员人力资本产权交易秩序的影响因素与实现原则、目标、机制

(5) 采取灵活多样的非物质奖励方式

物质奖励属于激励中的外在刺激，刺激效果呈现时效性短、不稳定的特点，只有将其转化为内在的精神动力，其激励效果才会更持久有效。因此，国外许多国家采取物质奖励和非物质奖励并重，一次性、阶段性和终身性奖励相结合的方式，已取得良好的效果。例如，澳大利亚悉尼奥运冠军可以将肖像印在邮票上发售，运动员从中分成；韩国政府对奥运会的金、银、铜牌得主，除发放一次性的奖金外，还实行终身津贴制；土耳其对奥运会冠军奖励养老金和养老保险等。因此，我国应借鉴国外做法，结合实际情况根据运动员全面发展的原则，有的放矢，有针对性地制定出长期奖励与短期奖励相结合的奖励方式。例如，可以把优秀运动员的非物质奖励分成两部分，一部分以荣誉的形式一次性直接发放，如授予某种荣誉称号和奖章等；另一部分则以纳入社会保障体系的方式，建立优秀运动员非物质奖励的长效机制。

9.4.4.2 物质激励

(1) 薪酬激励

随着运动员人力资本产权交易薪酬激励制度的不断发展与变化，权利的取得和转移制度影响着激励制度的效果。目前，由于运动员人力资本产权交易费用较高，为降低交易费用、提高交易效率，设置了不同的激励制度。包括设计了须进行交易即可对运动员人力资本产权交易进行免费使用的制度，从而避免谈判费用的产生，提高运动员人力资本产权的分配效率；《著作权法》的法定许可制度，以及向版权人支付使用费的制度；《专利法》中强制许可制度与权威公示制度。

(2) 以强化体育经纪人专业能力为核心，打造国际化品牌企业

体育经纪人是体育经纪市场的核心主体，体育经纪人的专业素养是衡量一个体育经纪企业专业度高低的核心要素。回顾我国体育经纪人和企业的发展历程，体育经纪的萌芽产生于市场经济的浪潮中。随着体育市场化改革的不断深入，受国外体育经纪企业的影响，我国体育经纪人和体育经纪企业的数量不断攀升，体育经纪市场的主体由体育经纪人转变为综合能力更强的体育经纪企业。随着体育经纪市场体育赛事法律事务、保险业务及资产评估等专业性业务的开展，越来越多的体育经纪企业意识到了体育经纪人才的重要性，开始大量吸纳经济、法律、

公共关系、市场策划与营销等方面的人才。我国体育经纪人是体育市场化改革的伴生物，他们能够挖掘运动员的商业价值、组织体育竞赛活动的举办，是促进体育市场上下游资源互动、信息交流的枢纽和催化剂，更是打造我国品牌化企业并使其走向国际体育市场的关键。在经济全球化的今天，国际竞争趋势是不可避免的，我国体育经纪组织唯有加强专业竞争能力，打造自我品牌，提高品牌知名度，才能在激烈的体育经纪市场中占有一席之地。

首先，为增加体育经纪人数量，提升体育经纪人的专业素养，国家体育管理部门应倡导建立体育经纪人培训协会，完善体育经纪人培训体系，与国内实力强大的体育经纪企业合作，每年定期举办体育经纪人培训考核工作，搭建体育经纪人学习平台，邀请相关领域的专家进行授课讲解，定期开展体育经纪人讨论沙龙交流学习，分享经典成功案例，建立体育经纪人微信公众号，实时提供就业信息。其次，为打造国际化品牌企业，要应做到以下三点。第一，转变体育经纪企业观念，增强体育经纪企业品牌意识，即从做项目转向做品牌文化，通过体育经纪项目，提升自身的体育经纪能力，提高品牌知名度和美誉度。第二，实施体育经纪企业品牌战略，制定符合自身企业特征的品牌战略，进行品牌架构组合、品牌定位和品牌个性设计。第三，塑造体育经纪企业品牌文化，完善企业物质文化，充分展现企业良好的外部形象，如商标、办公环境及员工形象等；丰富企业的精神文化，引领体育经纪组织的发展方向，如企业的品牌定位、伦理道德及员工价值观等；丰富企业的行为文化，以精神文化为内核，提升员工高品质的服务实践能力，如企业员工的实践活动、行为表现等。

综上所述，应充分完善运动员人力资本产权交易的激励机制，建立规范的法律激励体系，保障运动员的精神激励与物质激励制度，为运动员提供人力资本产权交易秩序的激励制度保障。

9.4.5　监督机制

运动员人力资本产权交易秩序的健康发展，离不开全面有效的社会监管机制。监管的实施可以防止内部交易为个别投资者带来巨大损失，影响人们对运动员人力资本产权交易市场的信心。一个完善的监管体系，应该包括明确的监管主体和具体的交易规则，能够及时地发现市场中的违规行为，并给予相应的处罚。

9.4.5.1 构建运动员人力资本产权交易行为的监督机制

构建运动员人力资本产权交易行为的监督机制包括对运动员日常行为进行有效监督，强化社会公众自觉参与运动员监督意识，坚持运动员行为监控的常态化、社会化、细微化。运动员人力资本产权交易行为监督机制分为内部监督与外部监督两个部分。内部监督为运动员团队管理层监督及运动员之间的互相监督，要建立严格的连带制度，对互相包庇的运动员或者教练员采取严格的连带处罚措施。外部监督为公众监督，包括运动员粉丝、社区居民、媒体记者等对运动员行为进行监督。为此，相关单位要积极组织运动员参与社会活动，拉近运动员与社会公众之间的距离。建立内外联合监督体系，一方面畅通运动员行为信息内部流通渠道，通过有效的信息流通及整合，做到对运动员行为的实时监督，及时发现运动员失范行为并采取相应的惩罚及规制措施；另一方面主动邀请公众积极参与运动员监督。

9.4.5.2 完善运动员人力资本产权的交易监督环境

媒体作为运动员与外界交流的窗口，其宣传目的、宣传力度、宣传手段等都会对运动员人力资本产权交易产生一定的影响。同时，媒体作为大众与运动员的交流中介，影响着公众对运动员人力资本产权的认知。因此，大众媒体对运动员人力资本产权进行宣传时，要坚持实事求是，拒绝虚假宣传、放大宣传。除了重视传统媒体对运动员的宣传作用，还要利用好发展日益完善的网络自媒体技术。著名传播学家马歇尔·麦克卢汉（Marshall McLuhan）曾说过：真正有价值的信息不是各个时代媒体所传播的内容，而是各个时代所使用的传播工具所具有的性质及开创性。网络自媒体技术包括论坛、博客、微博、微信等新的信息传播工具。充分利用好网络自媒体技术，促使运动员在博弈行为选择中放弃机会主义行为，保证声望向好发展[1]。规范到具体操作中，各运动员所属单位要做好自媒体宣传工作，充分利用好微信公众号、微博、论坛、博客等自媒体，开通本单位专属账号，或在原有账号的基础上，增加运动员个人状态专栏，适当发布运动员训练、比赛实况，使公众可以了解运动员的状态和行为，并对公众所提意见进行实时反馈，做到反馈常态化、实时化，充分利用好网络自媒体实时互动功能。

---

[1] 马歇尔·麦克卢汉. 理解媒介：论人的延伸 [M]. 何道宽, 译. 南京：译林出版社, 2019.

9.4.6 评估机制

运动员人力资本产权交易秩序的评估机制主要包括人力资本产权交易的评估主体、人力资本产权交易的评估程序、人力资本产权交易的评估技术、人力资本产权交易的评估监督、人力资本产权交易的评估问责五个方面。

9.4.6.1 运动员人力资本产权交易的评估主体

人力资本产权交易是经济中的微观活动。人力资本产权交易评估主体资格的认定要坚持依法、专业和自治的原则。因此，建立由政府、专业人力资本或无形资产评估机构、人力资本产权交易双方等评估主体共同参与的立体评估体系是可行的解决方案。

专业运动员人力资本产权交易的评估机构承担主要的人力资本交易评估，应有法定的组织形式，并依法对评估结果负责并承担相应的责任。评估机构要有达到从业资格要求和数量要求的专业人员。从事人力资本价值评估的专业人员应当取得国家认定的人力资本价值评估资格等级，并且严格按照资格等级限定的范围从事评估业务。执业评估师对评估对象依法进行评估认定，其结论作为特定评估对象的法定权利依据。人力资本产权交易评估情形复杂，需要评估人具备很好的文化基础、专业水平和评估技巧，因而评估人需要在较高学历教育的基础上进行专业训练，通过国家专业认证方可执业。职业评估师根据职业水平和资格可以分为运动员人力资本评估员、运动员人力资本评估师、运动员高级人力资本评估师、注册运动员人力资本评估师（具备从事所有国内外人力资本的评估资格，其评估结论在国际上予以承认）四个等级，分别从事一定产权交易范围内的运动员人力资本评估。

政府这一评估主体的主要工作是元评估，即对专业评估机构及协商认定各方的评估程序、方法和结果进行再评估，以检查和验证评估的合法性、公正性和合理性，保障运动员人力资本产权交易评估的效率与公正，规避运动员人力资本产权交易评估过程中的机会主义风险。政府评估职责的行使可以通过对评估过程和结果提出质疑、要求答复的方式进行，也可通过对评估报告的抽查、普查，以及对评估机构的年检或抽检方式进行，还可通过对协商定价的人力资本交易进行跟踪的方式进行。政府应制定《运动员人力资本产权交易评估准则》，明确运动员人力资本产权交易的评估主体、评估程序和评估监督机制，以确保评估的公正与公平。

如前所述，评估主体可以是专业的评估机构，也可以是政府及人力资本交易双方等；评估程序则是采用科学的评估方法，公开地实施评估，以确保评估结果的真实性和合理性；评估监督制度则是通过规定评估人的法律责任来限制评估人的机会主义行为，如可以用法律的形式规定评估人因故意或重大过失，或与被评估人合谋提供运动员人力资本产权交易的虚假评估报告而获取俱乐部股权，导致俱乐部其他股东、债权人或利益相关者的合法权益受到侵害而产生损失时，评估人应与被评估人一起承担连带责任。

综上所述，政府、专业评估机构、人力资本产权交易双方是三个各司其职、互相牵制的运动员人力资本产权交易评估主体。政府的权力集中于颁布规则，监控与审查其他评估主体；专业评估机构根据人力资本交易各方的申请，依照法定程序组织评估，评估结果作为权利人的权利依据，通过协商的办法确定运动员人力资本产权交易价值，并承担相应的法律责任。

9.4.6.2 运动员人力资本产权交易的评估程序

运动员人力资本产权交易以自愿平等为基础，因此，在人力资本产权交易评估过程中，自愿评估和强制评估原则要结合起来。例如，运动员人力资本租赁情境下，一般采用自愿评估的原则；人力资本出资情境下，则采用强制评估和自愿评估相结合的方法，但被评估人有权选择评估机构或评估方法。

专业评估机构的运动员人力资本产权交易评估程序包括以下九个环节：①接受人力资本产权交易当事人的评估委托；②认定运动员人力资本产权交易的范围，指派具备该价值范围评估资格以上的执业评估师负责该项评估；③评估机构与委托方签订《运动员人力资本产权交易评估委托协议书》，明确双方的权利和义务，告知委托方提供资料的范围和准确性，以及委托方因提供虚假信息而应承担的法律责任，协商确定收费标准，确定《运动员人力资本产权交易评估报告书》的交付期限；④收集整理相关的信息，确定评估技术与方法，进行必要的调查和访谈，调阅有关档案资料；⑤形成《运动员人力资本产权交易评估报告书（草案）》，告知委托方，明确委托方提出异议的期限；⑥受理委托方的异议申请，对提出的异议进行技术审查，给予调整或不予调整的书面答复；⑦出具注明用途、范围的正式《运动员人力资本产权交易评估报告书》，人力资本产权交易执业评估师在报告书中签字，评估机构盖章；⑧在确认委托方支付评估费用的前提下，向委托方送达评估报告；⑨送达后，如发现委托方提供虚假信息和使用报告不当等情况，评估机构应通过法律程序追回报告或挽回影响，如在指定报刊刊登声明等。

运动员人力资本产权交易双方协商定价的评估程序包括以下五点：①明确运动员人力资本产权交易的方式、范围和内容；②双方进行人力资本交易谈判，在谈判过程中，着重对人力资本的特殊能力给予认定；③从人力资本提高工作效率和创造收益能力出发，认定运动员人力资本产权交易价值；④采用轮流出价等方法确定人力资本价值；⑤双方责任人签订注明用途、范围的《运动员人力资本产权交易秩序认定书》，并经公证处公证，就承担因此引起的连带责任做出承诺。

政府实施元评估的程序是包括：①收到针对特定《运动员人力资本产权交易评估报告书》《运动员人力资本产权交易认定书》的投诉或举报，以及当事人要求进行再评估的申请，在年检或抽查中发现评估机构和价值认定责任人的不法行为时，应及时启动元评估程序；②启动元评估程序后，向当事人发出评估通知，要求当事人在规定的时限内提交有关材料；③从专家库中抽取专家对评估对象实施评估；④评估专家通过资料审核、分析等，对评估机构、价值认定责任人、特定评估结果进行验证，最终提出评估报告书，并由专家签字；⑤政府主管部门把评估报告书送达当事人，当事人在7天内有权提出异议；⑥政府主管部门组织专家对当事人的异议进行复议，必要时举行有社会各界人士参加的听证会；⑦政府主管部门根据专家意见做出仲裁，对评估机构、责任人、原评估报告提出处理意见和制裁措施；⑧当事人如果不服，可向人民法院起诉。

9.4.6.3 运动员人力资本产权交易的评估技术

首先，建立运动员人力资本产权交易的评估数据库，实现数据共享免费向会员单位提供或有偿向非会员单位提供。这项工作可委托运动员人力资本产权交易评估协会来完成，数据库至少包括以下内容：运动员人力资本产权交易的投资成本数据库，国内外分项目、分地域、分类别薪酬数据库，俱乐部人力资本产权交易贡献率数据库，不同类别人力资本产权交易效率数据库，运动员人力资本产权交易的评估案例数据库等。数据库以最快的速度保持更新，最大限度地实现资源共享。

其次，不断创新评估方法，建立多维技术体系。在重视成本评估法、收益折现法、市场调整法、股票市值定价法等定量评估的基础上，还要重视相关人员的主观评价,如运动员人力资本产权交易所有者的动机、价值观、态度、处理风险能力等心理素质。开发基于心理分析的评估方法,根据心理评估结果,通过专家多轮评议法等技术手段确定人力资本价值调整系数,对评估结果进行修正,以提高人力资本价值评估的客观性和真实性。

最后,跟踪研究被评估人,验证价值评估的准确性。通过保持联系、定期和不定期走访、了解与被评估人有关的信息等方法,对被评估人实施跟踪研究,发现运动员人力资本产权交易秩序实现的程度及真实价值与评估价值的偏差,找出运动员人力资本产权交易不作为的原因,为以后的评估积累案例并改进评估技术。

9.4.6.4 运动员人力资本产权交易的评估监督

运动员人力资本产权交易的评估监督依赖于包括政府、评估机构、人力资本交易各方、社会公众、媒体、网络等在内的监督体系。

第一,创造不保留特权的监督环境。运动员人力资本产权交易的评估主体包括政府、评估机构、人力资本交易双方,既要保证所有评估主体都受公众和媒体的监督,还要保证评估主体相互监督。例如,政府拥有元评估的权力,但由谁来监督政府的元评估呢?如果政府享有监督豁免权,那么评估机构或评估责任人就会产生寻租的动力,于是特权控制和幕后交易的"潜规则"就会替代法律而真实地起作用,导致运动员人力资本产权交易评估市场甚至人力资本市场的严重混乱。解决这个问题的有效方法就是对政府评估实行全公开制度,政府部门及时、完全地向公众披露相关信息,主动将权力置于公众监督之下。同时,制定具有可操作性的问责制度,对有责任的政府工作人员实施严厉的制裁。

第二,建立有效的监督机制。自我监督和第三方监督相结合的监督机制是有效的方案。首先,完善评估机构和运动员人力资本产权交易双方的自我监督制度。营造公平竞争的环境,施行严厉的违规制裁,解决评估机构追求公正与科学的动力。运动员人力资本评估机构的合伙企业组织形式,以及人力资本评估师的执业资格制度,意味着评估师要对评估结论承担无限责任,接受执业资格年审。也就是说,因评估人重大过失、故意或与被评估人合谋造成运动员人力资本产权交易价值高估或低估,给相关人员造成损失的,评估人需承担无限赔偿责任甚至刑事责任,并处以吊销一定年限执业资格的处罚。运动员人力资本产权交易双方都有动力维护评估的公正,因为运动员人力资本产权所有者会监督人力资本购买方或合作方，避免其采用不正当的手段降低人力资本估价；反过来，运动员人力资本产权购买方或合作方也会阻止人力资本所有者用不正当的手段提高人力资本估价。因此，自我监督机制具有发挥监督作用的可靠基础。其次，发挥第三方的监督作用。政府通过对评估机构、评估责任人、评估结果的元评估来实施监督。公众、媒体、网络利用合法的信息渠道，通过举报评估中的问题、把评估中的问题公之于众、打压和缩小非法交易的市场空间，来达到监督的目的。

9.4.6.5 运动员人力资本产权交易的评估问责制度

运动员人力资本产权交易的评估责任是一个多层次的责任体系。位于运动员人力资本产权交易评估最上位的是评估准则和法规的制定者、评估准则和法规实施的监督者——政府，因此，政府的责任在于人力资本评估准则和相关法规要能够适应经济社会发展水平，运动员人力资本产权交易层次结构的界定要准确合理，监督程序要合理、合法。政府责任的履行、政府失职行为的追究和索赔都应依法进行。

运动员人力资本产权交易评估机构和责任人的评估责任在于确保国家的评估准则和自己制定的评估标准得以有效落实。运动员人力资本产权交易评估机构的责任在于拥有足够多的权威而且能够公正实施评价的专家，以及先进的评价技术和评价方法。对不能履行评估责任的评估机构或责任人应依法酌情给予整改、暂停执业、降级执业、吊销执业执照等方式的制裁。对出色地履行评估责任并得到社会公认的评估机构或责任人，政府应给予政策上的支持。在人力资本价值评估结果与人力资本真实价值有较大出入时，评估机构或责任人应及时纠正，并向有关部门备案。

被评估人的责任在于履行运动员人力资本产权交易承诺，达到评估认定的价值标准。当被评估人不能履行人力资本交易承诺时，评估机构有权追回人力资本产权交易评估报告书。人力资本交易双方协商定价的，人力资本购买方或合作方有权单方面终止人力资本交易契约。社会公众、媒体中介等社会组织、团体和个人的责任在于依法、公正、诚实地履行监督义务，用舆论的声音和网络等信息渠道推动各类责任主体履行关于人力资本价值评估的承诺，预防、控制和纠正评估目标的偏离。

9.4.7 保障机制

运动员人力资本产权交易是经济社会发展的必然结果和客观需要。运动员人力资本产权交易程度不断升级，运动员人力资本产权交易机制与模式不断创新。虽然运动员人力资本产权交易在经济实践中大量存在，但由于缺乏有效的制度安排，运动员人力资本产权交易成本很高，运动员人力资本产权所有者和物质资本所有者侵害对方的机会主义行为时有发生。因此，建立健全与运动员人力资本产权交易相配套的制度及保障机制是当务之急。

9.4.7.1 法制保障

尽管运动员人力资本产权交易的资本特性在社会经济实践中已经得到广泛认可，但仍然缺少国家立法的承认和支持。运动员人力资本产权交易纠纷的法律和制度机制不够健全，人力资本产权交易的资本特性时常受到质疑，侵害行为难以定性和追索经济赔偿，人力资本交易的法律依据模糊且难以依法提供有效仲裁。法制保障是发展我国运动员人力资本产权交易的重要保证，亦是实现运动员权益的基本条件。公正、公平、公开、诚信是市场经济的基本要素。权责明确、保护严格是建设现代化运动员人力资本产权市场交易秩序的基本要求。要全面依法治国的方针奠定了法律强制力作为制度顺利实施的关键地位，其具有高度权威性，可较好地提高运动员人力资本相关权益保护的精准度与刚性。

（1）强化政府法治的权威性

一是政府应学习、总结我国知识产权制度建设进程中的成熟经验，针对现阶段竞技体育市场化与职业化发展的需求，依据《物权法》《劳动法》的相关条例，明晰运动员享有的权利与应承担的义务，进而保证其各项权益保护工作均有法可依、有序进行。二是政府尝试建立一套完善的运动员人力资本产权管理体系，明确制度实施的相关权力机构，以法律形式来规范权力运行或成立调查与监督部门，加强监管，确保相关制度体系在政策制定与执行程序上做到公开与透明。三是随着市场化进程的不断加快，运动员私有产权与共有产权逐渐融合，通过重组和裂变的方式改变原有产权结构，导致现有的体育制度无法跟上产权结构变化的步伐，致使其法律效力缺失。因此，政府要顺应时代发展的需求，及时更新《体育法》等现有的制度条例，维护各投资主体的利益。

(2) 贯彻相关法律法规

法律法规在资源配置活动中对经济主体权利配置有保障作用。竞技体育制度中产权关系的法律认可和确定，保障了运动员权、责、利的有机统一，激发了各方积极性。例如，《体育法》保障了运动员的权利与义务，提高了我国运动员人力资本使用过程中价值实现的可预期性，促进了运动员普遍主义权利的实现，使交易各方受到共同的法律保护和权利制约并做出合理预期，形成了对运动员人力资本使用价值实现的有效激励和科学导向。

《合同法》对经济主体权利的调整和保障是支配整个市场经济的根本原则。合同管理体系越成熟、完善，就越有利于稳定秩序，促进资源从较低的使用价值流向较高的使用价值。自愿、平等、公平、诚实信用是《合同法》的基本原则，它能保证双方信息传递的真实、全面和准确，促进交易双方相互信任、积极合作。《合同法》第5条明确规定，"当事人应当遵循公平原则确定各方的权利和义务"。第42条提出，当事人在订立合同过程中，给对方造成损失的，应当承担损害赔偿责任。上述规定指出，运动员人力资本产权交易过程中，应遵循公平、诚信原则，明确了交易双方违背法律所负担的成本和应受的责罚，促使运动员人力资本产权交易从不稳定、人格化的交易趋向稳定、非人格化交易的发展。

修订完善现执行的运动员人力资本产权交易的相关政策。首先，重新修订《关于进一步加强运动员文化教育和运动员保障工作指导意见》。社会主义市场经济体制已成为各行各业在建立和完善新运行机制的前提，运动员人力资本产权交易已纳入人才市场管理范畴，亟须重新审视现有与此相关的法律法规，修改不相适应的条款，并充分考虑运动员自身的责、权、利，依据《劳动法》和双方合同履行各自义务，完善《产权交易行业贯彻落实中办国办<建设高标准市场体系行动方案>的行动措施》的相关法律法规，有效提高运动员人力资本相关权益保护的精准度与强制性。其次，从以下四个主要方面确立《运动员人力资本财产权法》。一是运动员人力资本财产权权利归属方面的法律关系。确认人力资本所有者为人力资本的天然所有人，享有自身人力资本的支配权和收益权；运动员人力资本使用权在自由交易的前提下可以依法转让，转让后的人力资本使用权在转让期内归受让方所有和支配；人力资本收益权在人力资本所有者自愿的前提下可以转让和赠予他人，受让方或受赠者享有转让期限内或受赠范围内的该人力资本收益权。二是运动员人力资本财产权权利行使方面的法律关系。确认人力资本建

9 运动员人力资本产权交易秩序的影响因素与实现原则、目标、机制

立在自由交易契约基础上的多样化人力资本使用方式和收益方式，规定由人力资本租赁及其租金收益、人力资本出资及其利润收益而产生的一系列法律关系。三是运动员人力资本财产权管理方面的法律关系。对人力资本价值评估及其多样化价值确认方式、人力资本投资方式做出法律安排，确认人力资本交易双方达成一致的主观评价的法律地位；建立规范的人力资本市场制度，发展和完善人力资本市场；对与人力资本产权交易相关的保险制度做出法律安排，以预防和化解人力资本交易产生的风险，保护人力资本交易各方和债权人的合法利益。四是因侵害运动员人力资本财产权而发生的法律关系。人力资本财产权是人权的组成部分，任何对人力资本所有权、支配权、使用权、收益权的整体或单项权利的剥夺或损害都是对人权的侵害，对此做出的法律安排是防止和惩处侵害人力资本产权行为的法律依据。

9.4.7.2 社会保障

运动员运动生涯背后是高昂的"青春成本"、较低的文化技能水平、狭窄的退役安置选择。社会保障制度能保障运动员人力资本产权交易合理流动，公平参与市场竞争，促进人力资本产权交易的再生产。因此，国家对运动员权益的支持体现在法律保障与社会保障两个方面，而实现运动员人力资本产权交易的制度保障必须有社会保障法律制度作为后盾。例如，在现有的法律政策文件中，《体育法》是维护运动员基本权利与人力资本产权交易秩序的基本法律依据。《运动员聘用暂行办法》制定了对优秀专业运动员包括工资待遇、社会保险、住房补贴，以及退役运动员转业安置、经济补偿与文化学习等社会保障内容。但原有的制度建设已不能完全满足新形势下规范产权交易秩序的需要，且体育行政部门协调发改、财政、税务、人事、土地、能源等相关政府部门督促政策落地的能力较弱，有政策难执行或不执行的情况还比较普遍。虽然《体育法》历经 20 余年的发展内容趋于完善与全面，但是面对市场经济迅猛势头对竞技体育发展的影响，仍表现出严重的制度乏力。这主要源于《体育法》中的条例表述较为宏观与模糊，针对性不足。例如，第四十六条对享受政策优待的表述："国家对优秀运动员在就业和升学方面给予优待"，享受优待是优秀运动员的基本权利，但是缺乏对运动员优待内容的进一步规范，并没有具体的实施标准与细则。对具体实施过程的控制仅体现在指导作用，并不能有效体现严谨、效力、权威的态势，不能为运动员合法享受优待权利及权利维护提供有效依据。例如，面临目前体育明星商业回

报激增引发产权收益纠纷事件的频繁发生,由于相关法律法规缺乏完善纠纷定性与解决机制,导致此类事件的处理存在滞后性并严重依赖行政手段,引发运动员对自身权利保障的无力感以及对政府的强烈不满。同样,在《办法》施行的十年间,也暴露出许多有关专业运动保障工作的短板。湖南负责田径训练的张耀伟曾表示,优秀运动员离开运动队以后一部分人进入高校继续深造,但往往由于文化成绩的限制,依然要承担择业困难的压力。另外,政策所实行的聘任制及其保障的范围是处于国家整个运动员人才队伍"塔尖"群体,这是一种政策激励,但对于最终没有获取优异成绩的运动员来说,他们也付出昂贵的成长代价,且为国家竞技体育事业付出了努力,理应享受充分的政策保障。

我国体育事业随着我国经济、社会秩序的发展逐渐转换发展方式,运动员作为竞技体育事业最重要的"生产资料",其对个人价值的诉求随着社会的变迁愈发凸显,渴望形成以运动员为中心的新利益格局。然而,制度的缺位使得运动员切实利益不能被有效保障,引发了一系列运动员权益纠纷事件,直接影响竞技参与积极性。从新制度经济学中制度变迁理论思想认识出发,制度完善进程落后于社会整体的进步,制度缺位不能进一步支持体育事业的持续发展。因此,政府相关部门应重视体育后备人才队伍管理,进一步完善体教结合、"国家+俱乐部"等培养机制,为事业发展提供持续活力。

综上所述,只有法制保障与社会保障相结合,运动员人力资本产权交易才能真正获得作为资本的合法性。一是人力资本产权租赁、人力资本产权出资等获利行为和动机具有坚实的法律基础和权利基础,才能改变物质资本垄断"资本"概念的局面和人力资本受物质资本支配、激励的地位,从而把人力资本租金和利润收益视为人力资本投资的合理回报及人力资本的当然权利,在观念形态和法律意义上改变对人力资本的认识。二是人力资本产权交易的制度构建与创新具有更加坚实的基础和更强的可操作性。在法律框架内的制度设计更加具有可行性,可以避免由于不确定性而产生的交易成本,提高交易效率。三是能够统一人力资本产权交易的衡量尺度和获利标准。运动员人力资本产权交易无论是运用于俱乐部还是协会中心,都是"资本"的一种类型,规范传统俱乐部与市场部门人力资本的双重标准,有助于促进运动员人力资本在不同俱乐部、不同领域间的合理流动,提高人力资本在全社会范围内的配置效率。四是有助于刺激运动员人力资本投资的积极性,提高全社会的人力资本质量和经济投入。承认人力资本产权的资本特性,人力资本投资与收益成正比的预期会掀起人力资本产权投资热潮,在市场机制的作用下，逐步优化人力资本产权投资结构，并最终显示出经济中的人力资本优势及其由此产生的无限经济潜力。五是有助于规范人力资本产权交易各方的履约责任，防范和控制履约风险。为能自动规避对运动员人力资本产权交易双方的利益损害行为，需要依法设定问责程序与问责制度。

10 结论与建议

10.1 研究的主要结论

第一,国外运动员人力资本产权交易研究。因国外产权分配建立在私有产权基础上,很少发生人力资本产权纠纷,学者们主要关注市场和法律调节手段对运动员的投资与收益的影响。

第二,国内运动员人力资本产权交易研究。主要研究内容包括概念、界定、特征、归属、现状与问题、制度安排等,鲜少从产权交易视角对运动员人力资本的转会、经营、激励进行研究,交易的核心机制——交易秩序相关的研究匮乏。

第三,人力资本理论、产权理论、交易理论、行动结构理论是运动员人力资本产权交易秩序的理论机理,奠定了本研究的理论基础。

第四,理解运动员人力资本产权交易的逻辑起点为对运动员人力资本产权的界定。同时,运动员人力资本产权的价值实现构成了运动员人力资本产权交易的实践逻辑。其中,运动员人力资本产权交易价值实现过程由政策环境、投资主体及运动员组成。其价值实现过程中政治层面的形成逻辑为运动员人力资本产权交易植根于中国的政治需求;理论层面为运动员人力资本产权交易贯穿于产权理论的主线;制度层面为运动员人力资本产权交易优化于制度变迁。

第五,社会主义市场经济体制下,我国运动员人力资本产权交易秩序构建的基本条件是实现国家、集体、运动员个体之间利益的平衡。在层次结构上,分为"个别的交易秩序""社会的交易秩序"两个层次。微观水平上的个别的交易秩序构成了宏观水平上的社会的交易秩序的基础和必要条件,主要分为专业运动员人力资本产权交易秩序、职业运动员人力资本产权交易秩序和运动员经纪市场秩序三部分。

第六，运动员人力资本产权市场交易秩序的构建具有促进人力资本启动、提高薪酬水平、促进人力资本合理流动的一般功能；也具有在体制转型过渡时期革新思想认知、变迁政策制度、优化交易方式、完善资源配置的改革功能。

第七，我国运动员人力资本产权交易秩序正在经历从计划的交易秩序、传统的交易秩序向市场导向的交易秩序的转变。计划经济体制下政府主导投资，一手包办运动员培养、选拔、管理、参赛；传统经济体制下，运动员人力资本产权交易秩序依附于血缘秩序和身份秩序；市场导向的运动员人力资本产权交易秩序是一种赋予每个运动员自由创造空间的体制。计划的和传统的交易秩序失效的深层原因，在于运动员人力资本相关主体的动力缺失，以及国家强制集中价值剩余。

第八，实践考察得知，运动员人力资本产权交易的现实状况为：专业运动员人力资本产权流动与交易受阻；职业运动员各投资主体间利益分配不均、产权关系错位与重叠、公平缺失与激励失效；运动员经纪市场需求端行政化色彩严重、供给端优秀人才稀缺、市场环境中政策缺失。存在的问题包括运动员人力资本结构欠缺、开发制度滞后、产权保护不足；政府行政管理部门权力重叠、管控过多；经纪市场空间不足且专业素养有待提升。究其原因，主要为：管理机制不健全、交易机制运转不畅、约束与激励机制不均衡、监督机制不充分、保障机制不完善。

第九，迈向市场的运动员人力资本产权交易的拓展需要进行利益调整、深化改革，核心问题在于激励和保障。运动员人力资本产权交易拓展需要内部激励和外部激励。内部激励在于在社会认同运动员个人权利的基础上，建立"个人责任"观念，对交易对方和外部环境负责。外部激励在于对主体权利进行有效的制度安排。

第十，运动员人力资本产权交易秩序的实现，蕴含于运动员人力资本产权交易过程中的实现机制。运动员人力资本产权交易制度化改革过程中，需构建包括管理、激励、契约、保障、监督、评估在内的完善的实现机制体系，提供有利于交易秩序拓展的管理方式、激励结构、权威规范和信念系统，使运动员人力资本产权交易秩序得以自我维持，获得稳定性和持续性。

10.2 研究的主要建议

（1）加强运动员人力资本产权市场交易秩序的顶层设计

管理者应结合理论研究与实践经验，逐步完善该领域的顶层设计，制定转型实施阶段计划,依靠市场的自由调节,追求运动员人力资本价值产出的最大化。各个运动项目管理中心和项目协会安排专门的部门和人员管理运动员人力资本产权交易,从政策、法规、税收、人权等宏观层次参与运动员人力资本产权管理,通过市场培育、价格调控、配套机制、契约建设、风险调控等措施保证运动员人力资本产权交易秩序的健康发展。

(2) 改革运动员人力资本产权交易的制度设计

加快体育管理体制转型,建议完善运动员注册制度,以运动项目为单位建立全国统一的专业运动员人力资本市场。省级体工队改制为国有化的职业体育俱乐部,改变运动员事业单位聘任合同为劳动合同。加强配套制度建设,如运动员工会制度、经纪人制度、仲裁制度等。建立运动员人力资本投资者的利益保护机制,分别保护输送运动员地方培养单位的利益与保护地方培养单位所在地的利益。

(3) 完善运动员人力资本产权交易的相关法律法规

"裁审分轨"的治理思想有助于改善依靠行政影响力处理运动员人力资本产权争议的现状,提高运动员人力资本产权争议裁定的权威性。首先,我国政府应当加快建立和完善合理的运动员人力资本交易制度体系和收益分配制度,进一步健全解决运动员人力资本产权争议的相关法律法规。其次,建立健全与运动员产权资本化交易相配套的规章制度,强化政府法治的权威性,贯彻相关法律法规,重新修订现执行的运动员人力资本产权交易的相关政策等。

(4) 加强运动员及参与主体的权益保护

建立代表运动员权益合法组织——"运动员工会",发挥其在运动员人力资本产权交易契约签订、执行中的代表作用,将单独运动员分散、模糊的意志转化为一致的、明确的集体意志,改变个体对组织声势上的劣势,确定运动员的分配地位,最大限度地接近"完全契约"。一是采取有效措施增加运动员人力资本产权供给。首先,依托教育系统进行基础训练,降低青少年运动员的机会成本和不确定性。同时,教育系统的非营利组织的性质也可降以降低青少年运动员家庭的经济成本,有利于职业体育俱乐部梯队建设。其次,在高中和大学建立高水平的联赛,特别是拥有优秀教育资源的高中和大学要成为联赛的主体,以此作为降低青少年运动员及其家庭投资机会成本的手段。二是采取有效措施打破俱乐部的买方垄断,明确运动员劳动者的地位,设立运动员最低薪酬标准,保护普通运动员权利，包括运动员合理的自由选择权与自由流动权。

（5）调整运动员人力资本产权交易的价格

运动员人力资本产权交易价格应具有层级性和多样性特征。营造公开、公正、公平的运动员人力资本产权交易的竞争环境，建立运动员人力资本交易过程中公开的信息显示制度和道德失范的惩处制度。限制职业体育俱乐部之间的过度竞争行为，打破优秀运动员的卖方垄断。在运动员人力资本产权交易秩序中产生的奢侈税或"工资帽"应由职业体育俱乐部之间、职业体育俱乐部与运动员充分协商决定。此外，积极引进高水平的外援来吸引粉丝，妥善处理俱乐部间的权利纠纷，最终合理确定各种奢侈税的标准。

（6）增加运动员人力资本产权交易的风险保障

一是加强运动员人力资本产权交易的基本生活保险。人力资本产权交易租赁模式下的固定租金部分不能低于国家规定的最低生活保障线，浮动租金包括按月兑现和按年兑现两部分。基本生活保险充分保障运动员的生活消费，用于家庭生活的维持、人力资本的维护和再投资。二是建立运动员人力资本产权所有者的人身保险。主要是人力资本租赁契约履行过程中的普通人身保险、特殊人身保险，保险合同应采用列举方法明确列举违约行为及其界定方法，不在列举范围内的均不在赔付范围。三是设立运动员产权资本化交易的责任保险。在运动员人力资本产权交易契约履行过程中，运动员人力资本所有者可能的违约行为包括消极竞赛、谋取额外利益、侵害运动员人力资本租用方或其他投资者的利益、向竞争对手出租人力资本或用人力资本再出资等。四是强化运动员人力资本产权交易履约保证保险。即为保护运动员人力资本租赁情景下，人力资本所有者在从事业务时因遭受意外导致伤、残、死亡或患有职业性疾病而依法或根据运动员人力资本租赁契约应由人力资本租用方承担的经济赔偿责任及风险的一种责任保险。

（7）发挥激励对运动员人力资本产权交易的作用

激励要兼顾保障运动员个人利益和社会利益的实现。运动员人力资本产权交易的激励要从内在激励和外在激励两方面进行。一是通过保护运动员人力资本产权建立"个人责任"观念，对自己行为负责，实现互相尊重交易双方权利的内部激励。二是通过制度设计鼓励和保护运动员人力资本产权交易。一方面重视物质激励，在完善薪酬制度的基础上，落实国际化品牌营销计划，如实施体育经纪企业品牌战略等。另一方面推进精神奖励，树立物质奖励与精神奖励并重的理念，提高非物质奖励价值影响力；加强非物质奖励的制度建设，扩大获奖主体；借鉴国外做法，采取灵活多样的非物质奖励方式，即根据运动员全面发展的原则，针对性地制定出长期奖励与短期奖励相结合的奖励方案等。

(8) 改革运动员人力资本的社会保障形式

建立完善的、多层次的社会保障体系，逐步推动保障的社会化和市场化，创建与专业队脱钩的养老、医疗、失业等个人账户，形成社会统一保障安全网。同时，健全运动员职业转换社会支持体系，实现社会保障制度对运动员全面覆盖，从而促进运动员人力资本的顺利交易与流动。

(9) 强化对运动员经纪市场的建设和监管

建立并完善运动员人力资本交易市场，包括提高运动员人力资本市场的经纪服务能力、建设信息流通网络、扩大体育市场交易的服务空间、完善运动员人力资本产权制度、强化行动者自主性、培养良性惯习行为等，进一步提高人力资本配置效率，规范市场交易秩序，建立并完善政府关于运动员人力资本产权交易行为和信用的监督管理体系。政府应通过建立分级监管体系、内部监督与外部监督等，对运动员人力资本产权交易主体的交易行为、交易方式、交易价格进行全程监督和调控，以保证运动员人力资本产权的实现。此外，积极建立失信约束和惩罚机制，监督行业信用的规范发展，大力扶持和监督运动员经纪市场的发展，积极推动此方面的立法等。

(10) 强化舆论引导，利用数字技术和新媒体塑造良性市场环境

形成良好的市场化、专业化运动员人力资本产权交易社会氛围或实践风气，使市场内的实践者不由自主地服从或遵照舆论的导向与制约。通过电视、微信、抖音等媒体平台，采取新闻报道、体育道德教育等多种方式方法，对市场内良性惯习实践者进行夸奖及宣传，对示范案例进行分析及曝光，以此构建一个诚实、守信、自律、遵规守纪的市场舆论环境。利用好网络自媒体技术，促使运动员在博弈行为选择中放弃机会主义行为，保证声望向好发展；充分利用微信公众号、微博、论坛、博客等网络自媒体的互动功能，增加运动员个人状态专栏，适当发布运动员训练、比赛实况，使公众可以了解运动员状态和行为，做到反馈常态化、实时化。

参考文献

[1] 迈克尔·比尔. 管理人力资本 [M]. 程化, 潘洁夫, 译. 北京: 华夏出版社, 1998.

[2] 西奥多·W. 舒尔茨. 人力资本投资——教育和研究的作用 [M]. 蒋斌, 张蘅, 译. 北京: 商务印书馆, 1960.

[3] 贝克尔. 人力资本——特别是关于教育的理论与经验分析 [M]. 梁小民, 译. 北京: 北京大学出版社, 1987.

[4] Harold Demsetz. Ownership, Control, and the Fim [M]. Oxford: Blackwell Publishers, 1988.

[5] 谢世荣. 产权理论与国有企业制度创新 [M]. 北京: 中共中央党校出版社, 1997.

[6] 尹德洪. 产权理论及其法律制度的经济学分析 [M]. 北京: 对外经济贸易大学出版社, 2008.

[7] 青木昌彦. 比较制度分析 [M]. 周黎安, 译. 上海: 上海远东出版社, 2001.

[8] 奥利弗·E. 威廉姆森. 资本主义经济制度 [M]. 北京: 商务印书馆, 2002.

[9] 道格拉斯·C. 诺思. 制度、制度变迁与经济绩效 [M]. 杭行, 译. 上海: 格致出版社, 2018.

[10] 陈钊. 信息与激励经济学 [M]. 上海: 上海人民出版社, 2005.

[11] 约瑟夫·斯蒂格利茨. 信息经济学: 基本原理（上）[M]. 北京: 中国金融出版社, 2009.

[12] 王国伟. 中关村电子市场"转型交易"延续机制研究 [D]. 北京: 中国人民大学, 2012.

[13] 马克斯·H. 布瓦索. 信息空间 [M]. 王寅通, 译, 上海: 上海译文出版社, 2000.

[14] 卡尔·波兰尼. 大转型: 我们时代的政治与经济起源 [M]. 冯钢, 刘阳, 译. 杭州: 浙江人民出版社, 2007.

[15] 马克·格兰诺维特. 镶嵌: 社会网与经济行动 [M]. 罗家德, 译. 北京: 社会科学文献出版社, 2007.

[16] Walter Powell. Neither Markets nor Hierarchy: Net work Forms of Organization [J]. Research in Organizational Behavior, 1990 (12): 295-336.

[17] Wayne Baker. The Social Structure of a National Securities Market [J]. The American Journal of

[18] Brian Uzzi. Embeddedness in the Making of Financial Capital: How Social Relations and Networks Benefit Firms Seeking Financing [J]. American Sociological Review, 1999, 64 (4): 481-505.

[19] 罗纳德·伯特. 结构洞——竞争的社会结构 [M]. 任敏, 李璐, 林虹, 译. 上海: 格致出版社, 2008.

[20] 皮埃尔·布迪厄, 华康德. 实践与反思——反思社会学导引 [M]. 李猛, 李康, 译. 北京: 中央编译出版社, 2004.

[21] 汪和建. 通向市场的社会实践理论: 一种再转向 [J]. 社会, 2009, 29 (5): 64-87, 225.

[22] Somppi K, Salary V. Marginal Revenue Product under Monopsony and Competition: The case of Professional Basketball [J]. Atlantic Economic Journal, 1985, 13 (3): 50-59.

[23] David M., Carter. On the Ball What You can Learn about Business from America's sports Business Leaders [M]. London: Routeletge, 2001.

[24] Matthew J. Mitten. "Sports Law": Implications for the Development of International, Comparative, and National Law and Global Dispute Resolution [M]. Lex Sportiva: What is Sports Law, 2011.

[25] 潘清. 人力资本理论综述——探究人力资本的成因 [J]. 浙江工商大学学报, 2008 (5): 78-83.

[26] 李中斌, 徐小飞, 郑文智. 人力资本理论与实证研究 [M]. 北京: 华龄出版社, 2006.

[27] 侯风云. 中国人力资本形成及现状 [M]. 北京: 经济科学出版社, 1999.

[28] 高海燕. 制度的选择与改革——张五常产权经济思想简介 [J]. 经济社会体制比较, 1995 (2): 6-14.

[29] 苏星. 论维护公有产权制度 [J]. 中共中央党校学报, 2005 (2): 72-75.

[30] 刘世锦. 关于产权的几个理论问题（上）[J]. 经济社会体制比较, 1993 (4): 50-55.

[31] 刘凯湘. 论经营权与国有企业产权制度改革 [J]. 北京商学院学报, 1992 (2): 22-26.

[32] 汪和建. 迈向中国的新经济社会学 [M]. 北京: 中央编译出版社, 1999.

[33] 李林艳. 交易秩序的多重面向——寻访新经济社会学 [J]. 社会学研究, 2005 (2): 198-217, 246.

[34] 谭小英. 论合同自由与市场交易秩序 [J]. 中国工商管理研究, 2001 (7): 14-16.

[35] 权衡. 交易秩序、交易成本与体制选择——计划体制与市场体制的交易成本比较分析 [J]. 开发研究, 2002 (1): 11-13.

[36] 宋晶. 论市场交易秩序及其建构 [J]. 东北财经大学学报, 2006 (6): 3-7.

[37] 曹扬, 施惠玲. 健全和规范现代化经济体系的主体秩序和交易秩序 [J]. 经济问题, 2019 (1): 12-16.

[38] 向洪，李向前，邢未萍．人才资本［M］．北京：中国时代经济出版社，2002.

[39] 董伦红．论竞技运动员人力资本产权价值［J］．武汉体育学院学报，2007，41（10）：33-36.

[40] 杨年松．职业体育人力资本所有权性质、特点与政策建议［J］．体育学刊，2005（1）：39-41.

[41] 林锋，吕秋壮，宋君毅．论高水平竞技体育运动员人力资本产权流动［J］．山东体育学院学报，2010，26（5）：15-18.

[42] 潘建华，李忠，王武年．我国运动员人力资本内涵、特征及价值分析［J］．成都体育学院学报，2012，38（6）：22-25.

[43] 刘玉斌，张珊．优秀退役运动员隐性人力资本转化机理研究［J］．天津体育学院学报，2013，28（6）：468-471.

[44] 刘建，沈文宇．我国运动员人力资本及其属性［J］．沈阳体育学院学报，2008，27（1）：24-28.

[45] 孙娟，张宇飞，孔庆波．从劳动价值论探讨运动员人力资本价值构成［J］．武汉体育学院学报，2008，42（11）：9-13.

[46] 汤起宇，贺光伟．试论职业运动员人力资源的会计计量［J］．体育科学，2005，25（4）：84-87.

[47] 耿锁奎．实物期权在运动员人力资本投资中的应用［J］．上海体育学院学报，34（1）：54-56.

[48] 吴晓阳．职业运动员人力资本价值核算研究［J］．体育科学，2003，23（2）：50-54，54-57.

[49] 吴晓阳．不同运动技能职业运动员人力资本价值测度模式的探讨［J］．体育科学，2006，26（11）：88-90.

[50] 邰峰，张文杰．职业运动员人力资本价值的衡量［J］．体育学刊，2015，22（5）：54-58.

[51] 王武年，杨鹏飞．我国运动员人力资本形成与投资研究［J］．首都体育学院学报，2012，24（5）：389-397.

[52] 武秀波，李艳清．我国运动员人力资本形成与收益分配的特殊性［J］．沈阳师范大学学报（社会科学版），2006，30（2）：134-136.

[53] 邱红武，王武年．我国专业人力资本投资分析［J］．北京体育大学学报，2011，33（2）：131-134.

[54] 何世权．论我国运动员人力资本的形成和特征［J］．北京体育大学学报，2004，27（8）：1016-1020.

[55] 田文学，田学礼．社会力量投资竞技运动员的关键影响因素分析［J］．广州体育学院学报，2013，33（2）：28-32.

[56] 潘前．我国优秀运动员培养体制存在的主要问题及改革目标、原则、措施［J］．上海体育学院学报，2006，30（6）：36-40．

[57] 李红英，岳龙华，艾庆生．运动员人力资本分析［J］．体育文化导刊，2012，(10)：55-57．

[58] 王武年．我国优秀运动员人力资本贬值问题研究［J］．武汉体育学院学报，2014，48（1）：37-40．

[59] 刘建，于善旭．运动员人力资本投资风险及其分析的理论框架［J］．沈阳体育学院学报，2008，115（5）：31-33，54．

[60] 刘建．运动员人力资本投资风险的形成与规避研究［M］．北京：人民体育出版社，2016：59．

[61] 张忠秋，石磊，朱学雷，等．对我国高水平运动员实施奖励状况探讨［J］．体育科学，1999，19（3）：1-5．

[62] 崔国文，邹月辉．我国专业运动员对薪酬现状的认知情况分析［J］．成都体育学院学报，2013，39（8）：22-26．

[63] 郭惠平，卢志成．我国优秀运动员奖励政策的实施研究［J］．武汉体育学院学报，2007（2）：6-11．

[64] 樊晓．我国职业运动员薪酬问题探析［J］．体育文化导刊，2015（4）：140-143．

[65] 邰峰，崔国文，何艳华．我国专业运动员薪酬制度演进及改制路径［J］．成都体育学院学报，2014，40（6）：22-26．

[66] 杨树叶，邹月辉．我国专业运动员薪酬公平性问题研究［J］．南京体育学院学报（社会科学版），2016，30（3）：120-124，128．

[67] 杨年松．职业运动员人力资本特性及其激励制度比较研究［J］．武汉体育学院学报，2008，42（5）：47-50．

[68] 邹月辉，丁金娜，孝飞燕．我国运动员形象权商业价值开发研究［J］．体育文化导刊，2018，6（6）：99-103．

[69] 张彬彬，梁建平．我国优秀运动员长效激励机制的建立［J］．体育学刊，2009，16（12）：36-39．

[70] 杨茜，邓春林．运动员人力资本的产权界定［J］．天津体育学院学报，2008，23（5）：379-382．

[71] 邰峰，何艳华．借助产权理论研究我国运动员产权的界定问题［J］．首都体育学院学报，2013，25（6）：489-493．

[72] 林晞．我国运动员人力资本产权归属解构［J］．首都体育学院学报，2011，23（1）：27-29．

[73] 李娟，孔庆波．基于产权理论对运动员产权界定的分析［J］．沈阳体育学院学报，2009，28（6）：36-39．

[74] 王武年．我国运动员人力资本产权制度构建研究［J］．沈阳体育学院学报，2011，30

（6）：57-59.

[75] 范存生．转型期体育人力资本产权制度创新研究［D］．辽宁：辽宁大学，2007.

[76] 许延威，魏娜．我国职业运动员人力资本产权交易制度研究［J］．沈阳体育学院学报，2017，36（3）：22-28.

[77] 许延威．我国专业运动员人力资本产权交易制度研究［J］．北京体育大学学报，2014，37（12）：27-33.

[78] 张文桥，李兵．我国体育明星无形人力资本开发策略研究［J］．山东体育学院学报，2014（3）：97-98.

[79] 董伦红．论竞技运动员人力资本与产权价值［J］．武汉体育学院学报，2007，41（10）：39-41.

[80] 杨年松．职业体育人力资本所有权性质、特征与政策建议［J］．体育学刊，2005（1）：39-41.

[81] 李江帆．第三产业经济学［M］．广东：广东人民出版社，1990.

[82] 邹国防．产权分割：竞技体育运动员人力资本产权问题的思考［J］．体育与科学，2004，25（3）：18-19.

[83] 马克思．资本论（第二卷）［M］．北京：人民出版社，1975.

[84] 邹月辉，张庆．结构化理论下我国专业运动员人力资本交易问题研究［J］．体育科技文献通报，2021，29（9）：1-3，25.

[85] 邹月辉，张佳．逆序冲击下竞技体育的困境及其破解之道［J］．体育学刊，2017，24（6）：40-42.

[86] 宋君毅．我国竞技体育高水平运动员人力资本要素市场化［J］．武汉体育学院学报，2007，41（4）：21-23.

[87] 张冬梅．企业经营者人力资本及激励方式［M］．北京：中国经济出版社，2006.

[88] 张同全．企业人力资本产权论［M］．北京：中国劳动社会保障出版社，2003.

[89] 邹月辉．当代中国体育的国际角色与国际责任［J］．武汉体育学院学报，2008，（10）：10-14.

[90] 杨年松．职业竞技体育的经济学分析［D］．广州：华南师范大学，2003.

[91] 周其仁．市场里的企业：一个人力资本与非人力资本特别合约［J］．经济研究，1996（6）13-15.

[92] 崔国文，邹月辉．中超运动员薪酬问题分析［J］．西安体育学院学报，2015，32（3）：294-298，304.

[93] 邹月辉，崔国文．我国运动员收入分配制度的演变与完善［J］．南京体育学院学报（社会科学版），2014，28（3）：105-109.

[94] 邹月辉，孝飞燕．不同权变因素下运动员薪酬满意度评价的差异性分析［J］．西安体育

学院学报，2020，37（6）：712-720.

[95] 刘凤芹，于立．专用性人力资本与准租金安排［J］．社会科学战线，2010（9）：52-62.

[96] 辽宁：从体育"强省"到体育"强"省［EO/OL］．(2013-01-23)[2022-12-28]. http://news.sina.com.cn/z/2013gdlhln/.

[97] 周爱光．体育法学概论［M］．北京：高等教育出版社，2015.

[98] 王彪，任凤珍．产权交易［M］．北京：中国财政经济出版社，2004.

[99] 钟秉枢．社会转型期我国竞技体育后备人才培养及其可持续发展［M］．北京：北京体育大学出版社，2003.

[100] 孙娟，翟丽娟．我国运动员人力资本产权的性质分析［J］．体育学刊，2009，16（4）：20-22.

[101] 李海，万茹．运动员人力资本产权的本质与特征［J］．北京体育大学学报，2007（7）：879-880，886.

[102] 黄乾．论人力资本产权与有效利用［J］．经济纵横，2002（10）：45-49.

[103] 邱峰．对我国竞技运动员产权交易制度的研究［J］．北京体育大学学报，2017，40（9）：36-41.

[104] 唐俊，姜君利．体育市场化改革中的产权问题分析［J］．体育成人教育学刊，2003，1（4）：31-33.

[105] 程萍．财产所有权的保护与限制［M］．北京：中国人民公安大学出版社，2006（1）：132-219.

[106] 鲍明晓．构建举国体制与市场机制相结合的新机制［J］．体育科学，2018，39（10）：3-11.

[107] 解彩霞．道德失范的社会生产—基于现代性视角的反思［J］．科学·经济·社会，2014（1）：180-186

[108] 郑李茹，田学礼．我国国家队运动员无形资产开发权问题研究［J］．南京体育学院学报（社会科学版），2009，23（5）：15-18.

[109] 鲍明晓．体育产业——新的经济增长点［M］北京：人民体育出版社，2000.

[110] 王勇．中国竞技体育管理举国体制研究［D］．长春：吉林大学，2006.

[111] 池建．走进美国——竞技体育发展之路．北京：人民体育出版社，2009.

[112] 陈勇军．产权理论与我国体育产权制度的改革［J］．南京体育学院学报，1997（5）：5-12.

[113] 董小龙，郭春玲，郑璐．运动员商业活动的发展及其法律规制［J］．西安体育学院学报，2009，26（1）：1-6.

[114] 郝勤．社会主义市场经济与新型"举国体制"的形成［J］．体育文化导刊，2005（3）：8-11.

[115] 许延威．我国职业运动员人力资本产权交易制度研究［J］．武汉体育学院学报，2017，51（5）：39-43，79.

[116] 王永荣，沈芝萍，沈建敏，等．中国职业体育制度的形成及其运动员人力资本产权制度安排的合法性［J］．天津体育学院学报，2009，24（4）：353-357.

[117] 姜忠生．休闲娱乐体育与竞技体育的市场化之路［J］．广州体育学院学报，2012，32（5）：68-71.

[118] 杨德才．新制度经济学［M］．北京：中国人民大学出版社，2015.

[119] 张龙辉，艾虹．社会场域理论视角下资本与权力互动：实现社区良善治理形态进路分析［J］．理论导刊，2020（7）：87-94.

[120] 郑杭生．社会学概论新修［M］．第5版．北京：中国人民大学出版社，2019.

[121] 李琦．中国人力资本产权制度安排的经济效率研究［M］．北京：首都经济贸易大学出版社，2009.

[122] 国家体委政策研究室．体育运动文件选编（1982—1986）［M］．北京：人民体育出版社，1989.

附件1
APPENDIX 01
运动员基础津贴套改表

入队年限	2年以下	3年	4年	5~6年	7年	8年	9~10年	11年	12年	13~14年	15年	16年	17~18年	19年以上
津贴档次	一	二	三	四	五	六	七	八	九	十	十一	十二	十三	十四

基础津贴				成绩津贴								
档次	标准	档次	标准	比赛层次	一	二	三	四	五	六	七	八
				奥运会	2000	1700	1440	1260	1140	1040	950	880
一	670	十一	875	奥运会项目世界锦标赛、世界杯赛	1350	1170	1050	960	890	830	780	740
二	685	十二	905									
三	700	十三	935	非奥项目世界锦标赛世界杯赛、世界运动会、亚运会赛	1120	1000	900	820	760	700	660	620
四	715	十四	965									
五	735	十五	995	奥运会项目亚洲锦标赛、亚洲杯赛	990	870	770	700	640	590	540	510
六	755	十六	1030									
七	775	十七	1065	非奥运会项目亚洲锦标赛、亚洲杯赛、全运会	860	750	670	600	540	490	450	420
八	800	十八	1100									
九	825	十九	1135									
十	850	二十	1170	全国比赛、世界青年锦标赛	730	630	550	490	440	400	370	340

附件2 运动员成绩津贴与奖金标准表

比赛层次	成绩津贴/元		
	第一名	第二名	第三名
亚洲青年比赛、城市运动会	400	300	220
全国青年比赛、全省比赛	370	270	200
入队三年及以上未取得名次的正式运动员	150		

比赛层次	一	二	三	四	五	六	七	八
奥运会	200000	120000	80000	30000	25000	21000	16000	12000
奥运会项目世界锦标赛、世界杯赛	80000	45000	30000	22000	18000	15000	12000	9000
非奥项目世界锦标赛、世界杯、世运会、亚运会	30000	16000	13000	10000	8000	6000	5000	4000
奥运会项目亚洲锦标赛	15000	8000	6000	4200	3500	2900	2600	2300
非奥项目亚洲锦标赛	12000	6500	4800	3300	2800	2400	2100	1800

附件3
APPENDIX 03
专家访谈提纲

受访者基本情况

专家姓名　　　　　　工作单位

职务职称　　　　　　研究领域

访谈时间　　　　　　访谈地点

访谈说明

1. 自我介绍
   向专家简单介绍个人情况，并向专家接受访谈表示感谢。
2. 访谈目的说明
   说明本次访谈的目的是基于课题研究而需要探求关于运动员人力资本产权交易与管理过程中的实践经验与理论认识，并表示与受访专家的学识之于研究开展的重要性。
3. 注意事项
   说明访谈的用途仅限于课题研究范围内学术活动，严格遵守保密协定，在研究成果呈现过程中进行匿名或代码处理，并对是否允许进行访谈过程录音向专家问询。

访谈内容

1. 您所负责的训练队队员的来源渠道包括哪些？所占的比例分别是多少？
2. 您所负责的训练队队员是否存在转会的情况？他们的流向有哪些？数量是多少？
3. 您对运动员流动有什么看法？您认为运动员流动对运动员个人发展有什么影响？对运动项目竞技水平的影响？
4. 您所负责的训练队队员参赛奖金的分配制度有哪些？（包括参与分配的主体、分配比例及现实依据）
5. 运动员参加商业活动的权力与限制，有哪些管理条例或依据？
6. 运动员参加商业活动薪酬的分配方式是什么？
7. 您所负责的训练队队员的薪酬结构及标准是什么？
8. 为了提高运动员的竞技表现，您所管辖的训练队都包括哪些激励政策或方式？效果如何？

9. 运动员商业价值开发的主导者包括哪些？
10. 运动员经纪人的配置情况是怎样的？

结束语　向专家的慷慨相助表示感谢！

附件4
我国运动员收入调查问卷

各位队员：

您好！为充分了解我国运动员收入情况，解决当前薪酬体系中存在的问题，《我国运动员薪酬调查与新体系构建》课题组对您现在薪酬状况进行调查，以便为国家收入改革提供可借鉴的建议。本课题对所涉及运动员的个人信息和个人隐私严格保密，在行文中采用化名替代真名，对于您给予的帮助，课题组表示诚挚谢意！请将您选择的答案用〇标注出来。

基本内容：

- 姓名：
- 性别：男　　女
- 年龄：
- 单位：
- 入队时间：（　　）年（　　）月

1. 您对自己目前的收入状况是否满意？
A 非常不满意　　　B 较不满意　　　C 基本满意　　　D 较满意
E 非常满意

2. 您对目前的奖金收入是否满意？
A 非常不满意　　　B 较不满意　　　C 基本满意　　　D 较满意
E 非常满意

3. 您认为目前俱乐部收入分配政策是否公平合理？
A 非常不公平　　　B 较不公平　　　C 基本公平　　　D 较公平
E 非常公平

4. 您认为自己的努力付出与收入回报二者是否成正比？

A 非常不成正比　　B 较不成正比　　C 基本成正比　　D 较成正比

E 非常成正比

5. 您认为自己的努力能否带来很好的收入回报？

A 完全不能　　B 不太能够　　C 基本能够　　D 较能够

E 非常能够

6. 您认为目前本单位不同层次队员之间收入差距是否合理？

A 非常不合理　　B 较不合理　　C 基本合理　　D 较合理

E 非常合理

7. 您所在单位是否有严格的奖惩制度？

A 完全没有　　　　　　　　B 有一些，但是不严格

C 有一些，比较严格　　　　D 有一些，非常严格

E 非常完善和严格

8. 您认为所在单位收入对人才是否有吸引力？

A 完全没有　　B 较没有　　C 适中　　D 较有

E 非常有

9. 您认为所在单位收入分配制度对队员有多大的激励作用？

A 完全没有　　B 较没有　　C 适中　　D 较有

E 非常有

10. 您对目前给予的福利待遇是否满意？

A 非常不满意　　B 较不满意　　C 基本满意　　D 较满意

E 非常满意

11. 您所在单位领导、教练是否重视你们提出的建议？

A 非常不重视　　B 较不重视　　C 基本重视　　D 较重视

E 非常重视

12. 您认为目前的训练和学习对自己能力有没有提高作用？

A 完全没有　　B 较没有　　C 适中　　D 较有

E 非常有

13. 您对单位环境和条件是否满意？

A 非常不满意　　B 较不满意　　C 基本满意　　D 较满意

E 非常满意

14. 您现在所从事项目能带来的成就感怎么样？
A 完全没有　　　　B 较没有　　　　C 适中　　　　D 较有
E 非常有

15. 您每月的收入（包括各种奖金、补贴）在下列哪个范围内？
A 1000 元及以下　　B 1001~2000　　C 2001~2500 元
D 2501~3500 元　　E 3501~4000 元　　F 4001~4500 元
G 4501~5000 元　　H 5001~5500 元
I 5501~6000 元　　J 若在 6000 元以上，请填写具体数字（　　　）元

16. 今年您的总纯收入是（　　　）万元，其中奖金部分大约是（　　　）万元

17. 您的级别是？
A 国家二级运动员　　B 国家一级运动员　　C 国家健将　　D 国际健将

非常感谢您的参与和帮助！

信息采集人：
采集时间：